中国民用航空工业年鉴
2018

工业和信息化部装备工业司　编

航空工业出版社

北　京

内 容 提 要

《中国民用航空工业年鉴》是我国民用航空工业首部具有综合性、资料性、史册性的编年性工具书。集中全面地反映了我国民用航空工业年度发展状况，真实记载了我国民用航空工业发展进程。《中国民用航空工业年鉴2018》内容包括中国民用航空工业发展综述、主要民用航空工业地区发展概况、主要集团和重点企业发展概况以及中国民用航空工业统计信息等几部分。

本书内容翔实、丰富，有助于国内外有关人士了解中国民用航空工业发展概况，并与之建立经济技术合作关系。

图书在版编目（CIP）数据

中国民用航空工业年鉴. 2018 / 工业和信息化部装备工业司编. --北京：航空工业出版社，2018.12

ISBN 978-7-5165-1809-0

Ⅰ. ①中… Ⅱ. ①工… Ⅲ. ①民用航空－航空航天工业－中国－2018－年鉴 Ⅳ. ①F426.5-54

中国版本图书馆CIP数据核字（2018）第283021号

中国民用航空工业年鉴2018
Zhongguo Minyong Hangkong Gongye Nianjian 2018

航空工业出版社出版发行
（北京市朝阳区北苑2号院 100012）
发行部电话：010-84936597 010-84936343

三河市华骏印务包装有限公司印刷 全国各地新华书店经售
2018年12月第1版 2018年12月第1次印刷
开本：880×1230 1/16 印张：10.5 字数：308千字
印数：1—1000 定价：160.00元

《中国民用航空工业年鉴 2018》

前　言

民用航空工业是国家战略性高技术产业。大力发展民用航空工业，是满足民航运输和通用航空服务快速增长需要的根本保证，是引领科技进步、带动产业升级、提升综合国力的重要手段。为忠实记录我国民用航空工业的发展情况，全面系统、客观真实地反映中国（未包括港、澳、台地区，下同）民用航空工业年度发展概况，自2007年起，当时的航空工业主管部门原中华人民共和国国防科学技术工业委员会启动了《中国民用航空工业统计年鉴》（简称《统计年鉴》）的编辑出版工作。2008年，现航空工业主管部门工业和信息化部成立，承接了《统计年鉴》的编辑出版工作，并于2010年启动了《中国民用航空工业年鉴》（简称《工业年鉴》）的编辑出版工作。2013年，工业和信息化部将《统计年鉴》并入《工业年鉴》合并编辑出版。合并后新版《中国民用航空工业年鉴》内容更加完善、翔实，作为综合性、资料性的编年性工具书，自2013年起已经连续出版5年。

《中国民用航空工业年鉴2018》（简称《年鉴2018》）内容包括中国民用航空工业年度发展综述、主要地区发展概况、企业发展概况、中国民用航空工业统计数据四个部分。第一部分是中国民用航空工业年度发展综述，主要从发展规模与产业分布、产品研发、产品订单与交付、国际合作与对外交流、产业促进与行业管理5个方面全面回顾2017年度总体发展情况。第二部分是主要地区发展情况，反映全国涉及航空工业的26个省、自治区及直辖市的民用航空工业基本情况、生产经营、主要产品、产品开发与技术进步、对外贸易与合作、重大基础设施建设和行业管理等情况。第三部分是企业发展概况，记录了全国涉及航空工业的5家中央企业和20家重点民用航空工业企业的技术优势和主要产品。第四部分为中国民用航空工业统计数据，统计范围包括从事民用航空器（含无人机）、民用航空发动机、机载系统/设备和零部件等研发、制造和修理的规模以上企事业单位。中国民用航空工业统计数据主要内容包括综合情况、生产交付情况、新增和储备订单以及转包生产、生产销售总值等数据和信息，由国家国防科技工业局信息中心统计审核后提供，数据信息统计时间截至2017年12月31日。

《年鉴2018》是在工业和信息化部装备工业司主持下，在国家统计局统计设计管理司指导下，在各有关省、自治区、直辖市民用航空工业管理部门，中国航空工业集团有限公司，中国商用飞机有限责任公司，中国航空发动机集团有限公司，中国航天科工集团有限公司，中国电子科技集团有限公司和各重点企业提供素材的基础上，在国家国防科技工业局信息中心的协助下，由中国航空研究院编辑完成。在此向所有参加年鉴工作的单位和人员表示感谢。

此外，在《年鉴2018》编辑过程中，为了行文一致及体现年度新变化，对各省、自治区、直辖市及各公司上报的发展情况素材做了必要修改和删减。

《中国民用航空工业年鉴2018》编委会

2018年10月

目　　录

第一部分

综　　述

中国民用航空工业年度发展综述

2017年，中国民用航空工业规模持续扩大，航空产品产值实现了38%的高速增长；产品研发取得重要进展，C919大型客机实现首飞，AG600大型灭火/水上救援水陆两栖飞机完成陆上首飞；民机产品市场开拓成果喜人，新增订单428架，转包生产订单大幅增加；国际合作取得丰硕成果，行业管理持续优化，政府和社会各界对民用航空工业发展的关注度不断提升。

一、发展规模与产业分布

（一）发展规模

依据《民用航空工业统计报表制度》，2017年纳入全国民用航空工业统计调查的单位160个，主要分布在26个省、自治区、直辖市，年末从业人员34.8万人。按三大经济带分，东部地区72家，中部地区42家，西部地区46家；按内外资类型分，内资企业148家，港澳台商投资企业5家，外商投资企业7家；按人员规模分，2000人以上单位38家，1000～2000人（含2000人）单位26家，300～1000人（含1000人）单位44家，300人及以下单位52家。

2017年，中国民用航空工业企业工业总产值2744.0亿元，其中民用航空产品产值651.25亿元，占比23.7%。剔除天津空客产值①数据，民用航空产品产值同比增长38.0%。民用航空产品产值中，民用飞机（不含无人机）整机产值51.56亿元，占比为7.9%；民用飞机零部件、发动机、机载设备等航空产品产值217.51亿元，占比33.4%；民用飞机、发动机、机载设备和其他民用航空产品的修理产值214.76亿元，占比33.0%；无人机产品产值167.42亿元，占比25.7%。产值构成见图1。

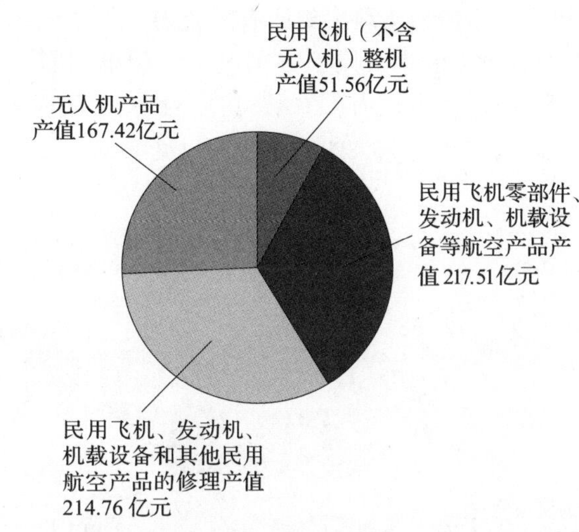

图1 2017年中国民用航空产品产值构成

从各省、自治区、直辖市情况看，民用航空产品产值排名前3位的是广东省、陕西省和福建省，分别占全国的41.7%、13.7%和10.3%。居前10位的其他省、直辖市分别是四川、上海、辽宁、山东、江苏、湖北和贵州，如图2所示。

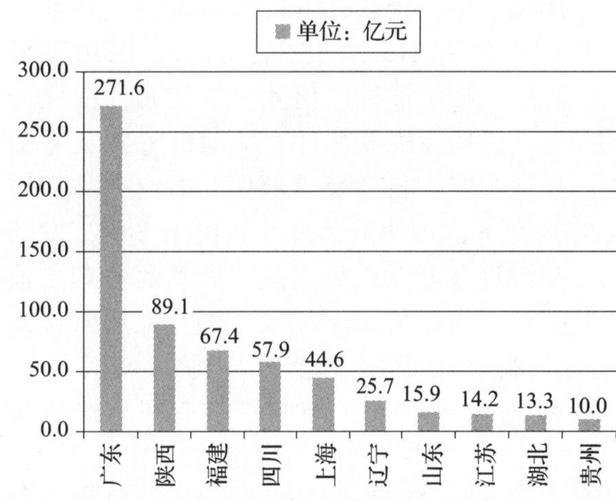

图2 2017年民用航空产品产值居前10位的省、直辖市

① 天津空客2016年民用航空产品产值334.7亿元，2017年民用航空产品产值5.0亿元。造成统计数据波动较大的原因是2016年（含）前按交付整机产品全价计算，2017年改为按整机总装价格计算。

（二）产业分布

在纳入2017年全国民用航空工业统计调查的160家企事业单位中，55家隶属于中国航空工业集团有限公司，其民用航空产品产值在全国占比为20.0%；6家隶属于中国商用飞机有限责任公司，其产值占比为6.8%；13家隶属于中国航空发动机集团有限公司，其产值占比为5.8%；4家隶属于中国航天科工集团有限公司，其产值占比为0.3%；1家隶属于中国电子科技集团有限公司，其产值占比为0.3%；其余81家地方航空企业产值占比为66.8%。产值构成见图3。

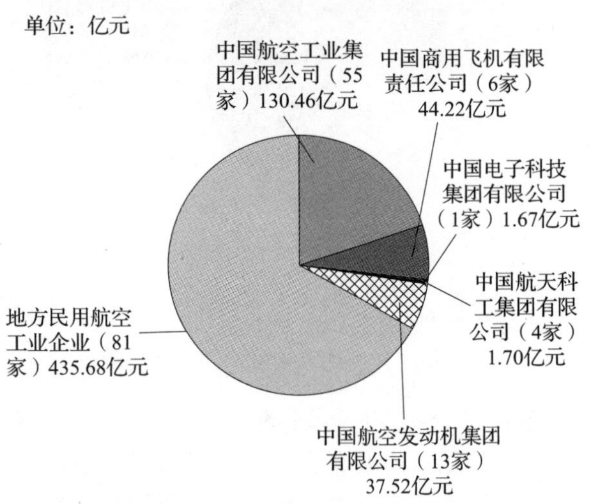

图3　2017年民用航空工业企业民用航空产品产值构成

隶属于中央企业集团的79家企业民用航空产品的产值为215.58亿元，其中，民用飞机（不含无人机）整机产值43.52亿元，占比为20.2%；民用飞机零部件、发动机整机及零部件、机载系统和设备及零部件等航空产品产值166.08亿元，占比为77.0%；民用飞机、发动机、机载设备和其他民用航空产品的修理产值5.72亿元，占比为2.7%；无人机产品产值0.26亿元，占比为0.1%。产值构成如图4所示。

其余81家企业民用航空工业产品产值为435.68亿元，其中，民用飞机（不含无人机）整机产值8.04亿元，占比为1.8%；民用飞机零部件、发动机整机及零部件、机载设备及零部件等航空产品产值51.44亿元，占比11.8%；民用飞机、发动机、机载设备和其他民用航空产品的修理产值209.04亿元，占比48.0%；无人机产品产值167.16亿元，占比38.4%。产值构成如图5所示。

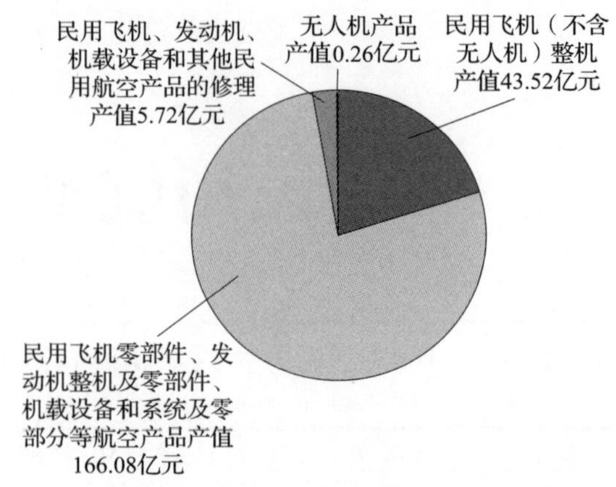

图4　隶属于中央企业集团的79家企业2017年民用航空工业产品的产值构成

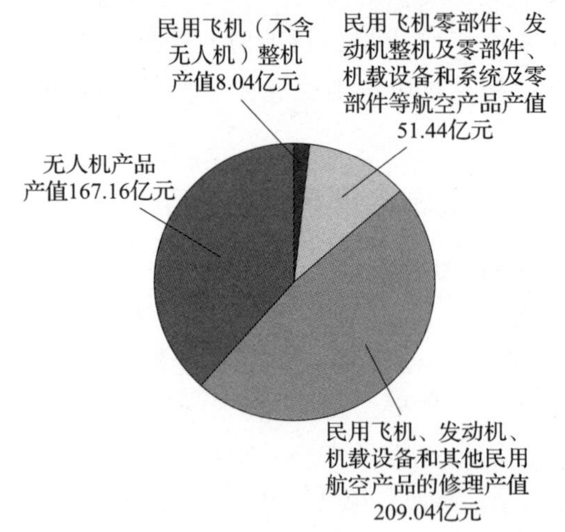

图5　其余81家企业2017年民用航空产品产值构成

民用航空产品产值排名前5位的企业分别是：深圳市大疆创新科技有限公司、珠海保税区摩天宇航空发动机维修有限公司、西安飞机工业（集团）有限责任公司、上海飞机制造有限公司和广州飞机维修工程有限公司，5家企业占全国民用航空产品产值约53.4%。

在产品地域分布方面，上海和陕西主要依托现有骨干企业发展民用干支线飞机；天津和浙江舟山分别依托空客天津空客A320总装线、空客A330完工和交付中心以及波音737完工和交付中心发展干线飞机；哈尔滨、石家庄、珠海和荆门等地优势企业主要发展大中型通用飞机和特种飞行器；景德镇、哈尔滨和天津等地的优势企业主要发展大、中、轻型直升机；其他部分省市开展了轻小型通用飞机和直升机研发和制造。民用航空产品地域分布如表1所示。

表1 民用航空产品地域分布

<table>
<tr><th>产品种类</th><th>地域</th><th>代表机型</th></tr>
<tr><td rowspan="4">干线飞机</td><td rowspan="2">上海</td><td>CR929 远程宽体客机</td></tr>
<tr><td>C919 单通道干线客机</td></tr>
<tr><td>天津</td><td>空客 A320/A330 飞机（总装线、完工和交付中心）</td></tr>
<tr><td>舟山</td><td>波音 737 飞机（完工和交付中心）</td></tr>
<tr><td rowspan="2">支线飞机</td><td>上海</td><td>ARJ21－700 涡扇支线客机</td></tr>
<tr><td>西安</td><td>“新舟”系列涡桨支线客机</td></tr>
<tr><td rowspan="10">通用飞机</td><td>珠海</td><td>AG600 大型灭火/水上救援水陆两栖飞机</td></tr>
<tr><td>哈尔滨</td><td>运 12 系列双发涡桨通用飞机</td></tr>
<tr><td rowspan="4">石家庄</td><td>“小鹰”500 轻型多用途飞机</td></tr>
<tr><td>运 5B 轻型多用途飞机</td></tr>
<tr><td>赛斯纳 208B 单发涡桨轻型飞机</td></tr>
<tr><td>“国王”350 双发涡桨轻型飞机</td></tr>
<tr><td>沈阳</td><td>“锐翔”（RX1E）电动双座轻型飞机，4 座电动飞机</td></tr>
<tr><td>滨州</td><td>DA 40 TDI 轻型飞机</td></tr>
<tr><td>株洲</td><td>“山河”SA60L 单发双座轻型运动飞机</td></tr>
<tr><td>荆门</td><td>A2C 超轻型水上飞机</td></tr>
<tr><td rowspan="8">直升机</td><td rowspan="3">景德镇</td><td>AC313 大型直升机</td></tr>
<tr><td>AC311/311A 轻型直升机</td></tr>
<tr><td>CA109 轻型直升机</td></tr>
<tr><td rowspan="3">哈尔滨</td><td>AC312 中型直升机</td></tr>
<tr><td>AC352 中型直升机</td></tr>
<tr><td>H425 中型直升机</td></tr>
<tr><td>上海</td><td>“斯瓦泽”269 轻型直升机</td></tr>
<tr><td>青岛</td><td>H145 轻型直升机</td></tr>
<tr><td rowspan="3">发动机</td><td>上海</td><td>CJ－1000A 大型涡扇发动机</td></tr>
<tr><td>株洲</td><td>WZ－16 中等功率涡轴发动机（设计）</td></tr>
<tr><td>哈尔滨</td><td>WZ－16 中等功率涡轴发动机（制造）</td></tr>
</table>

在无人机研发方面，产值排名前 5 位的省、直辖市分别为广东省、湖北省、北京市、河南省和安徽省。其中，广东省无人机产值占全国的比例为 97.6%。

二、产品研发

2017 年，民用航空产品研发取得重要进展，已经形成了单通道干线飞机、涡扇支线飞机、涡桨支线飞机、直升机和多种通用飞机及无人机等自主产品系列发展格局。

C919 大型客机。2017 年 4 月通过首飞放飞评审，5 月在上海首飞成功，12 月完成第二架首飞。C919 首飞成功标志着我国大型客机项目取得重大突破，是我国民用航空工业发展的重要里程碑。

AG600 大型灭火/水上救援水陆两栖飞机。2017 年 12 月通过首飞放飞评审，并完成陆上首飞。AG600 填补了我国在大型水陆两栖飞机领域的空白，未来在应急救援、森林灭火等领域具有广阔的应用前景。

CR929 远程宽体客机。2017 年 5 月，项目合资公司——中俄国际商用飞机有限责任公司挂牌成立；9月发布飞机命名；12月，CR929飞机全尺寸复合材料机身壁板工艺件试制成功。

ARJ21－700涡扇支线飞机。2017年7月取得中国民用航空局（简称中国民航局）生产许可证；12月底前向用户交付第三和第四架飞机。

MA700涡桨支线飞机。2017年9月完成垂平尾对接区盒段承载能力试验件装配对接；11月签署飞机刹车控制系统、数据语音记录器系统、结冰探测系统、机组及旅客座椅、液压系统及螺旋桨系统等六项研制工作包合同；12月开工制造飞机襟翼结构部件和货舱门结构部件。

MA60遥感飞机。该飞机由中国航空工业集团有限公司与中国科学院共同研制，2017年4月，MA60遥感飞机机身外挂综合型在西安阎良实现首飞。

运12F运输机。2017年2月完成自然结冰适航验证科目；11月启动欧洲航空安全局（EASA）适航取证工作。

"锐翔"RX1E－A增程电动飞机。该飞机是辽宁通用航空研究院研发的一款新能源飞机，2017年11月在沈阳首飞成功。

AC313大型直升机。2017年3月完成大雨试飞适航验证科目，型号合格证（TC）适航验证工作全部完成；8月完成城市消防型空中悬停取水、喷水试飞科目。

AC352中型直升机。2017年继续开展适航取证工作并取得阶段性进展。

AC312E中型直升机。2017年8月完成高温性能试飞，10月完成高原试飞。

AC311轻型直升机。2017年2月，AC311轻型直升机加装医疗救援设备改装型获得中国民用航空局补充型号合格证（STC）；7月，AC311A轻型直升机完成首架交付；8月，AC311A加装农林喷洒设备型完成首飞。

CJ－1000A大型商用飞机发动机。该发动机是我国第一款商用航空发动机产品，2017年12月，完成高压压气机第一阶段试验，并通过概念设计评审，取得阶段性进展。

三、产品订单与交付

（一）产品订单

2017年，国产民机（不含无人机和天津空客产品，下同）新增订单428架。其中，确认订单206架，意向订单222架。截至2017年底，民用飞机储备订单1298架，其中，确认储备订单531架（ARJ21－700飞机141架，MA60飞机27架，C919飞机334架等），意向储备订单767架。另外，无人机新增订单217.1万架，其中，新增确认订单162.4万架，新增意向订单54.7万架。近三年国产民机订单情况详见图6。

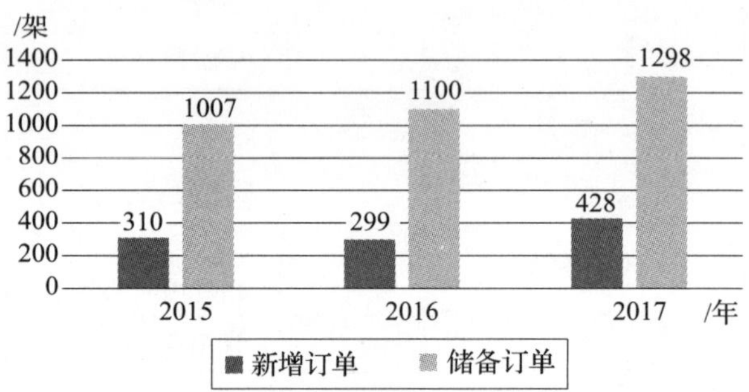

图6　近三年国产民机订单数量

从确认储备订单情况看，大部分为干支线飞机订单；从订单变化看，干线飞机有大幅增加，支线飞机、通用飞机和直升机订单情况基本平稳，见图7。

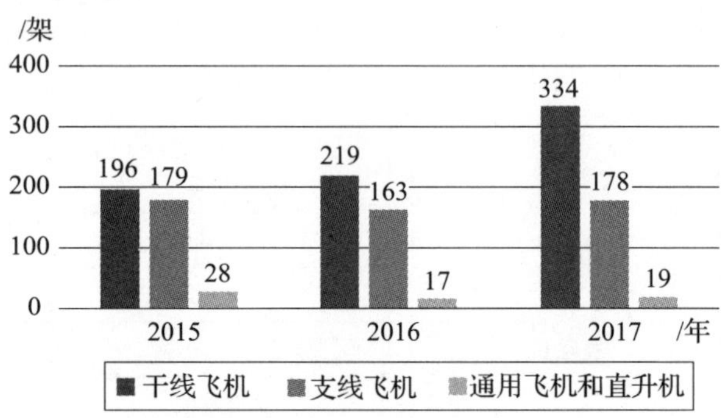

图7　近三年国产民机确认储备订单数量

（二）产品交付

2017年，中国民用航空产品交付金额总计532.68亿元。其中，民用飞机（不含无人机）整机13.10亿元，占比2.4%；民用航空发动机整机及零部件、机体结构零部件、机载设备及零部件和其他民用航空产品及零部件193.29亿元，占比36.3%；民用飞机、航空发动机、机载设备、其他民用航空产品及零部件修理210.90亿元，占比39.6%；无人机115.39亿元，占比21.7%。交付金额构成见图8。

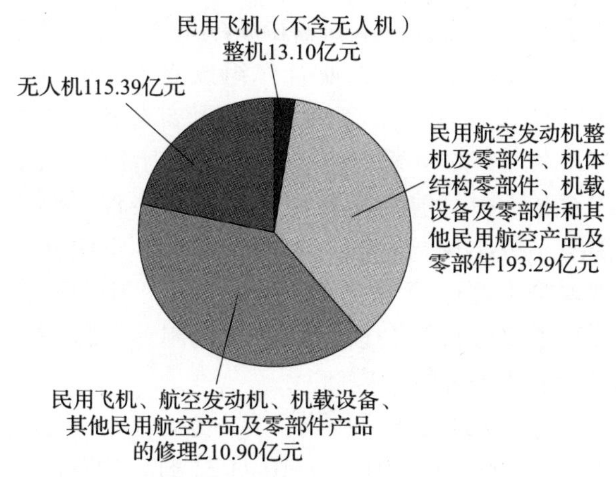

图8　2017年民用航空产品交付金额构成

2017年交付国产民机57架，同比有大幅下降。其中，支线客机交付3架，通用飞机交付50架，直升机交付4架。在产在销机型主要包括：ARJ21－700涡扇支线客机、"新舟"系列涡桨支线客机、运12系列轻型双发涡桨飞机、运5B轻型多用途飞机、"小鹰"500轻型多用途飞机、赛斯纳208B单发涡桨轻型飞机、"国王"350双发涡桨多用途飞机、"钻石"DA40 TDI轻型飞机、A2C超轻型水上飞机、AC311直升机等。另外，据不完全统计，无人机交付约249万架。近三年国产民机交付数量见图9。

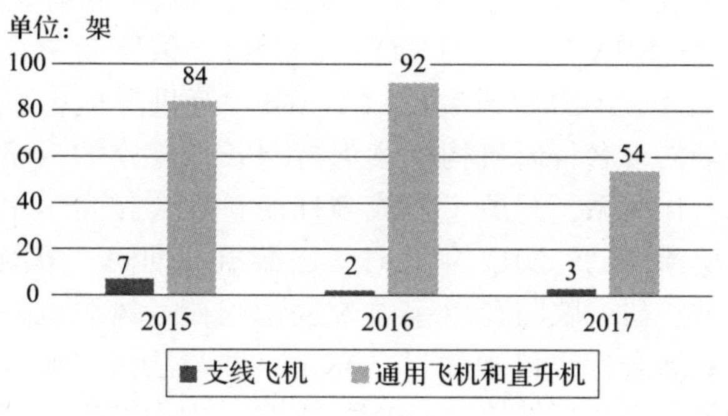

图9　近三年国产民机交付数量

（三）转包生产

2017年，中国民用航空产品转包生产交付金额19.67亿美元，同比增长9.9%。其中飞机零部件12.59亿美元，同比增长3.7%；发动机零部件6.53亿美元，同比增长23.5%；其他民用航空产品及零部件0.55亿美元，同比增长18.1%。转包生产新增订单28.00亿美元，同比增长28.1%。储备订单46.43亿美元，同比增长11.9%（见图10）。

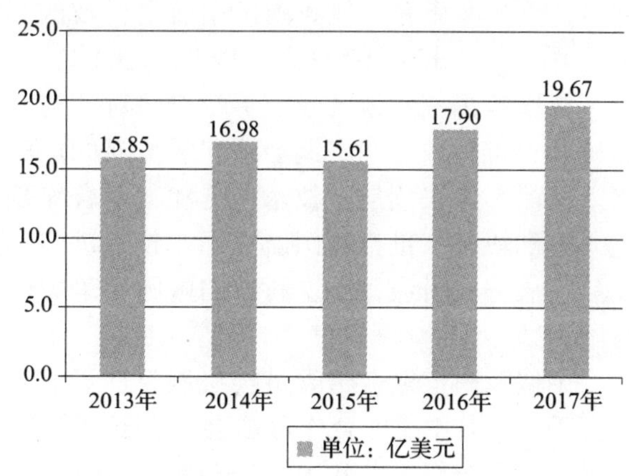

图10　近五年民用航空产品转包生产交付金额

从各省、自治区、直辖市情况看，民用航空产品转包生产交付金额排名前3位的是陕西、辽宁和四川，分别占全国的27.6%、26.2%和12.9%。居前10名的省、直辖市见图11。

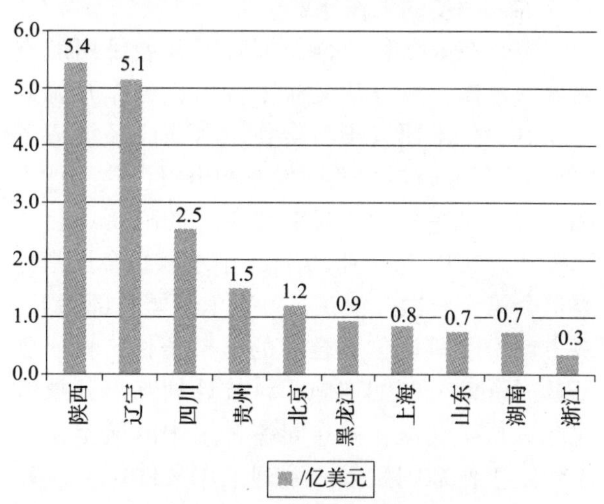

图11　2017年转包生产交付金额
居前10名的省、直辖市

四、国际合作与对外交流

2017年，中国民用航空工业领域的国际交流与合作持续深入，通过政府推动引导以及企业与机构合作相结合的方式，多层次、多渠道的航空工业领域国际合作格局基本形成。中国政府与俄罗斯、法国、荷兰、英国、欧盟等多个国家和地区建立了稳定的政府间对话与合作机制，企业与机构间的国际合作与交流也日趋紧密。

（一）政府间对话与合作机制

工业和信息化部作为民用航空工业的主管

部门，重视深化和拓展我国民用航空科技的国际合作工作，已与俄罗斯、欧盟、法国、荷兰、英国等国家和地区建立了政府间对话与合作机制，推动政府间定期会晤和学术界的广泛深入交流，为民用航空技术交流和工业合作创造条件和机会，助推我国航空工业技术进步和产品发展，提升我国航空科技的国际竞争力和影响力。

中俄总理定期会晤委员会机制目前设有若干分委会，其中工业合作分委会（部长级）下设民用航空合作工作组（副部长级）。2017 年 7 月 19 日，工业和信息化部与俄罗斯联邦工业和贸易部在莫斯科共同主持召开了民用航空合作工作组第十二次会议。会上，双方总结和评议了工作组下设的飞机、直升机、发动机、机载、适航和科技等 6 个工作小组一年来的工作进展，确定了下一步的工作计划。

中欧在中欧科技合作框架下开展民用航空领域的合作，双方从交流平台项目合作开始逐步发展为技术研究项目合作，目前已经形成了“共同论证和选题、共同发布和申报、共同评审和立项、对等资助和成果共享”的科研项目合作模式。2017 年 3 月 29 日，中欧科技合作指导委员会第十三次会议在布鲁塞尔欧盟总部召开，双方就中欧科研创新合作的框架条件、科研创新共同资助机制的实施、科技计划互惠开放等议题进行了交流，并共同签署《中欧航空研究工作组工作准则》等一系列工作文件。2017 年 11 月 8 日，2017 年中欧航空科技合作会议在浙江乌镇举行，来自中欧航空领域的 40 多家企业、科研机构和高校的近 140 名代表参会，会议围绕绿色航空、安全航空和智慧航空的共同愿景开展了学术研讨与技术交流。

中法民用航空工业合作工作组成立于 2010 年。2017 年 6 月 26 日，工业和信息化部与法国民航局在巴黎共同组织召开了中法民用航空工业合作工作组第五次会议。双方代表围绕商用飞机、直升机、航空发动机、重载飞艇、航电系统与空管设备以及飞行器总装引进生产等领域就当前合作项目的进展、下一步的工作计划以及后续的合作意向等进行了沟通与交流。双方表示，将充分发挥中法民用航空合作工作组的作用，深化拓展双边合作，推动双方民用航空领域的务实合作不断取得新成果。

中荷民用航空工业合作组成立于 2015 年。2017 年 3 月 20 日，工业和信息化部装备工业司与荷兰经济事务部企业与创新司在上海共同组织召开了中荷航空科技合作第三次会议。双方围绕飞机结构与材料、航空发动机、空中交通管理等主题进行了交流。会议期间，中荷政府进行了双边政策会谈，就合作机制和合作平台运行模式等进行了磋商。

中英联委会机制下的中英航空合作工作组成立于 1997 年。2017 年 10 月 31 日，中英航空合作工作组 2017 年会议在英国伦敦举行，双方回顾了 2016 年度各自主要活动及取得成果，并就未来合作面临的机遇与挑战进行了探讨。分组会议上，中英双方主要就飞机发动机等方面的技术进行了专题讨论，罗罗公司介绍了航空发动机的研制进展和技术优势，中方就关心的技术问题进行了沟通交流。

（二）企业、机构间的国际交流与合作

中国航空研究院受工业和信息化部委托，负责组织推进中欧、中法、中荷、中俄等民用航空科技领域政府间合作项目的开展和落实，涉及气动、结构强度、噪声、推进技术、燃料、材料、制造等多个专业技术领域。中国航空研究院与德国宇航院（DLR）、法国宇航院（ONERA）、荷兰宇航院（NLR）、俄罗斯中央空气流体力学研究院（TsAGI）等世界航空领域的著名科研机构继续保持着长期稳定的战略合作关系，开展了形式多样的科技合作与学术交流活动。2017 年 6 月，巴黎航展期间，中国航空研究院与荷兰宇航院及德国荷兰风洞机构签署合作协议和项目备忘录，并与法国宇航院签署合作框架协议；9 月 20 日，中国航空研究院与意大利航空航天研究中心（CIRA）在意大利召开了第一届高层会议，并签署了战略合作协议。

中国航空工业集团有限公司的国际合作不断深入。2017 年与波音、空客召开多次协调会议，落实工业合作路线图，于 2 月 24 日推动所属企业陕西宏远航空锻造有限责任公司与中国航空器材集团有限公司、空客公司成功签约，启动了 A350XWB 机翼锻件项目。3 月 23 日，与法国达索飞机制造公司签署设立中法工业联合创新中心的合作意向备忘录。4 月 20 日，所属企业珠海中航通用飞机客户服务有限公司与美国佳明公司签署通用航空器综合航电系统客服保障项目合作协议。4 月 27 日，召开中国航空工业集团有限公司—罗克韦尔柯林斯公司战略委员会第六次会议，回顾重点合作项目的进展情况，对未来合作提出建议和展望，并共同签署了直升机项目合作支持备忘录。5 月 4 日，召开中国航空工业集团有限公司与霍尼韦尔战略委员会第十一届会议。12 月 6 日，所属企业昌河飞机工业（集团）有限责任公司与美国 SRSG 公司 S300 项目在景德镇共同签署了《战略合作框架协议》以及《S300 系列直升机 TC 许可协议》。

中国商用飞机有限责任公司加强对全球 14 个国家和地区、304 家二级一类以上供应商的管理，与国外 16 家教育培训机构开展人才培养合作，与波音公司共建航空节能减排技术中心，与空客公司开展非竞争领域合作，与通用电气公司签署大数据技术合作框架协议。2017 年 5 月 22 日，中国商用飞机有限责任公司与俄罗斯联合航空制造集团的合资公司——中俄国际商用飞机有限责任公司在上海正式挂牌成立。合资公司作为中俄民用航空战略合作项目——远程宽体客机 CR929 研制项目的实施主体，负责 CR929 的产品研发、生产制造、市场营销、售后服务和项目管理等工作。合资公司的挂牌成立标志着 CR929 项目全面合作取得重要进展，同时也为双方后续深化合作奠定了坚实基础。2017 年 9 月，与波音公司合资的 737 飞机完工中心有限责任公司在浙江舟山揭牌，2018 年建成并交付首架飞机，未来形成年交付 100 架飞机能力。

中国航空发动机集团有限公司积极拓宽对外合作渠道，深化与国际主要航空发动机企业的联系与合作，与法国赛峰集团召开了首届战略合作委员会会议。2017 年 9 月在第四届中国天津国际直升机博览会和第十七届北京国际航空展期间，与美国、法国、英国、俄罗斯、德国等 10 余个国家的 20 多家知名企业开展了合作洽谈；联合中国工程院借助北京国际航展平台举办了首届国际航空发动机论坛。

五、产业促进与行业管理

（一）国家进一步促进民用航空工业发展

2017 年，国家发布了多个促进民用航空产业发展的政策文件，进一步优化了民用航空产业的政策环境，促进民用航空产业发展。

2017 年 1 月，国家发展和改革委员会印发了《关于建设通用航空产业综合示范区的实施意见》，提出到 2020 年建设 50 个通用航空产业综合示范区；提出的重点任务包括：促进制造水平升级、大力发展配套产业、加强创新创业能力建设、加快通用机场规划建设、积极拓展运营服务、促进产业融合与协同发展、推动改革政策先行先试以及鼓励开放合作发展。

2017 年 4 月，中国民航局、外交部、国家发展和改革委员会、工业和信息化部、财政部、商务部联合印发了《适航攻关专项方案》，从提升基础保障能力、教育培训能力、立法定标能力、产品审定能力和国际合作能力 5 个方面，提出 21 项具体实施项目，旨在进一步提升适航审定能力。

2017 年 12 月，为了促进无人机行业健康可持续发展，工业和信息部出台了《关于促进和规范民用无人机制造业发展的指导意见》，统筹促进无人机产业发展和强化安全管控的要求，坚持以发展促安全，以安全保发展。

2017 年 12 月，财政部、发改委、工业和信息化部、海关总署、税务总局、能源局等部门联合发文《关于调整重大技术装备进口税收政策有关目录的通知》，对国产民机研制和生产用发动机、机载系统与设备、航空材料以及零部件的目录进行了修订，使其更加合理，针对性更强，以降低国产民机研制成本和生产成本，提高市场竞争力，促进民机产业发展。

（二）地方政府重视培育民用航空产业

2017 年，地方政府发展航空产业的热情不减，根据各地自身的基础与发展条件，积极制定民用航空产业发展规划与政策措施，以促进本地区民用航空业的发展，多数聚焦在着力提升民用航空配套能力与服务水平方面（见表 2）。

表 2　2017 年部分地方政府出台的关于促进民用航空业发展的文件

序号	地方	文件名称	摘要
1	北京市	《北京市“十三五”时期现代产业发展和重点功能区建设规划》	依托北京通用航空产业基地，积极申报建设国家通用航空产业综合示范区
2	辽宁省	《辽宁省人民政府关于促进通用航空和航空零部件制造产业快速发展的实施意见》	推动产业结构调整升级，促进大众创业、万众创新和军民融合发展，将通用航空和航空零部件制造业培育成新的经济增长点和支柱产业
3	辽宁省	《辽宁省“十三五”综合交通运输发展规划》	支持沈阳、大连国家通用航空产业综合示范区建设，做大做强东北地区通用航空市场
4	吉林省	《吉林省通用机场布局规划（2016—2030 年）》	按照统一规划、分步实施的原则，分阶段推进全省通用机场建设
5	黑龙江省	《黑龙江省制造业转型升级“十三五”规划》	着力构建技术研发、生产制造、航空材料、通用航空服务及相关配套产业协调发展的产业体系
6	上海市	《上海促进高端装备制造业发展“十三五”规划》	务实发展通用航空产业，提升飞行控制地面保障设施能级，布局无人机产业链
7	浙江省	《浙江省人民政府办公厅关于加快通用航空业发展的实施意见》	加快促进通用航空业发展，打造全省空中 1 小时交通圈
8	福建省	《促进通用航空业发展实施方案》	到 2020 年，初步建成布局合理的通用机场体系、优质高效的通用航空服务保障体系、快速高效的航空应急救援体系和特色鲜明的通航研发制造体系
9	山东省	《山东省人民政府关于印发山东省“十三五”战略性新兴产业发展规划的通知》	加快通用航空整机研发产业化；提高通用航空产业配套能力；提高通用航空服务业比重
10	湖北省	《湖北省促进中部地区崛起“十三五”规划实施方案》	大力发展通用航空，建成汉南、麻城等一批通用机场
11	湖北省	《湖北省服务业发展“十三五”规划》	支持荆门重点发展现代物流、通用航空、健康、旅游等产业，打造全国通用航空创意经济示范区
12	湖南省	《湖南省实施开放崛起战略发展规划（2017—2021 年）》	加快航空运输发展。加快长沙临空经济示范区建设，构建中部国际航空枢纽
13	广西省	《西部大开发“十三五”规划广西实施方案》	加快通用机场、飞行服务站和航油配送中心布局建设。推动直升机、无人机、通用飞机产业化。促进通用航空与旅游业融合发展，在适宜地区开展空中游览活动
14	海南省	《海南省人民政府关于积极发挥新消费引领作用加快培育形成新供给新动力的实施方案》	加强通航机场及配套设施建设，打造海口、三亚、三沙三大低空飞行试点基地，优化低空飞行管制服务，推动构建通用航空政策法规体系

第二部分

主要地区发展情况

北　京　市

一、本地区基本情况

截至2017年底，北京市航空装备制造业企事业单位28家。其中，中国航空工业集团有限公司所属企事业单位7家，中国航空发动机集团有限公司直属企事业单位4家，中国商用飞机有限责任公司所属研究中心1家，地方企业16家。纳入中国民用航空工业统计的企业11家。

二、生产经营情况

2017年，北京地区航空装备制造业规模以上企业24家，实现工业总产值102亿元，其中民用航空工业产值12.97亿元。

三、主要产品

（一）民用飞机

北通航P750飞机，科源公司“蓝鹰”AD200系列轻型多用途飞机，北航FH系列无人直升机，中航智TD220、T333型无人直升机，韦加“翔宇”无人机、JF农业植保系列无人机，金朋达WD100、WD200型无人直升机，浩天翼HW13小型无人机等。

（二）航空发动机

航空发动机单晶叶片、复合材料叶片、复合材料机匣、钛合金铸件、民用直升机发动机燃油调节系统等。

（三）航空设备及系统

自动飞行控制系统、机载设备综合检测系统、综合显示设备、航空陀螺仪表、无线电高度表、无线电罗盘、吊舱等。

（四）其他民用航空产品

钢制、粉末冶金及碳/碳复合材料刹车产品；各种异型、薄壁支板、各种轴承支撑座、飞机机身肋板等钛合金铸件；驾驶员座椅、操作员座椅、旅客座椅等；空域管理和机场调度平台、机场塔台辅助指挥信息系统、自动激光驱鸟器等地面设备；有杆、无杆两大系列共10余种牵引车及电动牵引车、系列挂装车等特种车辆产品。

（五）相关产业的产品及服务

空域规划评估和管理服务、航空器机载设备及部件附件维修、地面测试设备研发制造及维护、飞机加改装业务等。

四、产品开发与技术进步

北京中航智科技有限公司已完成3吨级无人直升机地面试验和离地试飞，下一步将在飞行器设计平台基础技术、智能控制技术、多平台协同技术、自主能力标准测试/试验方法及技术、航空发动机技术等方向开展研发，产品型谱包括300千克级、3吨级等大型无人直升机。

北京韦加无人机科技股份有限公司研制的5升级“四妹”植保无人机，填补了10升级以下的产品空白。

北京百慕航材高科技股份有限公司以开发新产品为目标，正在开展铸件新品研发、Leap发动机钛合金铸件研制、大型民用飞机用中介机匣精铸技术研究等自选民用航空科研项目。

五、对外贸易与合作

2017年，北京百慕航材高科技股份有限公司外贸产品包括肋板、支板、Leap机匣等。其中，肋板交付2045万元；支板、Leap机匣等民用航空发动机零部件交付9049万元。该企业已是三家世界航空动力巨头企业和世界领先飞机制造企业的合格供应商，并与俄罗斯某公司建立长期合作关系。

六、重大基础设施建设情况

（1）顺义区中国航空工业集团有限公司航电系统产业基地项目（二期）园区总投入2.7

亿元，固定投入 2.5 亿元。建设液晶模块及精密装备厂房、售后服务中心、产品研发中心及配套建筑。

（2）中国民航科学技术研究院（原中国民用航空局航空安全技术中心）在顺义区国门商务区建设中国民航航空安全实验基地。该项目投资 6.46 亿元，总建筑面积 3.8 万米^2，主要建设航空运行技术中心、适航与维修技术中心、航空安保技术中心和事故调查分析中心等 4 个实验技术中心及辅助生产设施。

（3）大兴区航天科技精密光机电与先进信息技术产业园园区总投入 33.5 亿元，固定投入 26.5 亿元，占地 229 亩①，拟迁入并扩大新型精密传感器、特种精密测量、物联网应用系统、国家惯性技术产品质检中心等项目。

七、行业管理主要工作

（一）开展《北京市建设通用航空产业综合示范区的实施方案》的编制工作

2017 年 1 月，国家发改委下发《关于建设通用航空产业综合示范区实施意见》，把北京列为首批 26 个通用航空产业综合示范区之一。按照《国务院办公厅关于促进通用航空业发展的指导意见》（国办发〔2016〕38 号）要求，充分释放通用航空市场潜力，以构建综合示范区为载体，建设通用航空产业健康发展的生态体系，使通用航空产业成为推动京津冀区域协同发展的新引擎、全国科技创新中心建设的新支撑和供给侧结构性改革的新亮点。

（二）落实"低慢小"航空器管控相关工作要求

一是按照工业和信息化部要求，下发《北京市关于开展民用无人驾驶航空器生产企业和产品信息填报工作的通知》，要求企业按照相关要求认真填报各项信息，确保底数清楚。

二是按照职责划分，配合首都综治办制订《无人驾驶航空器专项整治工作方案》，进一步完善了北京地区无人驾驶航空器管控体系，有效遏止违法违规飞行行为。

三是在"十九大"期间，按照北京市关于加强北京地区"低慢小"航空器管理工作的相关要求，对"低慢小"航空器生产企业进行监督检查和宣传引导，督促企业落实停飞、停售、停寄等管控措施，确保了北京地区空防安全，为"十九大"胜利召开营造了安全稳定的社会环境。

（三）继续推进京津冀协同发展

以 2022 年冬奥会申办工作为契机，继续推进覆盖京津冀三地的立体交通应急救援保障体系建设，促进通航产业的发展。

（北京市经济和信息化委员会）

① 1 亩 = 666.667 米^2。

天　津　市

一、本地区基本情况

截至 2017 年底，天津市民用航空工业整机制造和配套规模以上企业有 8 家。

二、生产经营情况

2017 年天津市民用航空工业企业实现工业总产值 8.87 亿元，实现利润 6361 万元。

三、主要产品

（一）民用飞机

空中客车天津总装线已于 2017 年 10 月份成功转产空客 A320NEO 机型，空客 A330 完成与交付中心也于 2017 年 9 月建成投产，天津总装线主要生产空客 A320NEO 和 A330 飞机。

无人机包括“彩虹”系列、“双头鹰”“蝠鲼”“信天翁”“雷鸟”等整机产品，飞控与地面站系列产品，全型谱无人机数据链产品，小型光电吊舱产品等。

（二）航空设备与系统

包括飞机配电系统、飞机环控系统、飞机点火系统和飞机防火系统的各种电磁继电器、温度继电器、高能点火装置、火警探测器、温度控制盒、力臂自动调节器、无人机数据链系统等。

（三）航空配套产品

空客 A320/A330 系列飞机机翼、缝翼的装配生产，应用于航空领域的钛合金类紧固件、高温合金发动机及发动机类紧固件等；应用于航空器的涂料、密封胶及相关产品、风挡玻璃、客舱玻璃、座椅、复合材料次结构件和内装饰件等。

（四）航空维修改装及服务

庞巴迪公务机维修项目主要为庞巴迪及其关联方生产的飞机提供维护、维修、整修和机队技术管理等服务；古德里奇项目主要为空客提供飞机短舱组装及维修服务；海特飞机维修基地提供空客 A320 深度检测和大修；应用于 ARJ21－700、MA600、C919、空客 A320 和波音 737 等航空器模拟训练的飞行训练设备、工程仿真平台和维护训练设备；飞机租赁服务等。

四、产品开发与技术进步

完成了运 12F 飞机飞行训练器研制工作，该训练器经中国民用航空局飞行模拟机鉴定办公室鉴定，满足 CCAR－60 五级训练器标准；完成了空客 A320 3D 维护/飞行模拟训练器、C919 飞机发动机辅助实验室实训系统开发。完成了 C919 电源系统中飞控蓄电池/充电器和主/APU 蓄电池充电器产品开发，完成了 C919 防火系统中火灾和过热探测器组件研制；开发了 C919 座舱环境控制系统，使座舱空气新鲜度提高 20%。开展了 AC312C、AC312E、AC352 等直升机研发工作，推动 AC312E 和 AC352 完成首飞、AC312C 完成初步设计评审。开展了“双头鹰”“猎鹰”“鹈鹕”等固定翼无人机系统和倾斜摄影系统共 4 型无人机研发。

五、对外贸易与合作

2017 年 9 月 20 日，空客 A330 项目完成交付中心建设并投入使用，并于当日向客户交付第一架“天津产”空客 A330 飞机。空客 A330 项目是空客在欧洲以外的首个宽体飞机合作项目，合作期限 10 年，该项目的建成投产使天津市成为继法国图卢兹、德国汉堡和美国西雅图之后，全球第 4 个同时生产单通道和双通道飞机的城市。

六、重大基础设施建设

庞巴迪公务机维修项目于 2017 年 4 月建设完成并投入使用，厂房占地 2 万米^2，总投资 3000 万美元，主要为庞巴迪及其关联方生产的飞机提供维护、维修、整修、保税仓储、部件进出口、机队技术管理以及停泊和清理服务。

天津全华时代航天科技发展有限公司投资1.5亿元在滨海新区中新生态城购买厂房10000米^2，公司于2017年10月整体搬迁至中新生态城，主要从事军/民用固定翼无人机、多旋翼直升机等近20款工业级无人飞行器的设计开发。

七、行业管理主要工作

天津市紧紧围绕《民用航空工业中长期发展规划（2013—2020年）》中对天津重点发展民用干支线飞机和大中型直升机的定位，牢牢抓住京津冀协同发展和滨海新区开发开放重大战略机遇，积极对接国家产业政策，加大招商引资力度，夯实行业管理工作，推动天津市航空工业健康有序发展。

（1）全面落实《天津市建设全国先进制造研发基地实施方案（2015—2020年）》，并组织编制了《天津市航空航天产业发展三年行动方案（2018—2020年）》，加强政府政策引导，营造良好发展环境，推动天津市民用航空工业快速发展。

（2）加大招商引资力度，以空客A330项目、庞巴迪公务机维修中心等项目建设为抓手，努力做大民用航空产业集群，不断拓展航空产业链，促进民用航空工业转型升级。

（3）夯实行业管理工作，一方面积极开展民用航空统计年报和民用航空工业年鉴编撰工作，加强行业统计管理和经济运行监测；另一方面积极协调有关部门，加强项目建设和科研生产中土地、资金等协调保障，为企业做好服务。

（天津市工业和信息化委员会）

河　北　省

一、本地区基本情况

截至2017年底，河北省规模以上航空工业企业2家，分别是中航通飞华北飞机工业有限公司和惠阳航空螺旋桨有限责任公司。

二、生产经营情况

2017年，航空产业主营业务收入11.47亿元，实现利润7860万元。

三、主要产品

（一）飞机交付

整机生产交付各型飞机16架，其中运5B飞机5架，“小鹰”500飞机5架，赛斯纳208B飞机4架，“国王”350飞机2架。运12飞机部件交付4架份，运9飞机部件交付20架份，飞机大修及改装5架份。

（二）配套产品

配套产品分为无人机起落架装置、舱门及锁，产品主要包括：无人机起落架、飞机上位锁系统、应急舱门、救生装备机械系统、航空仪表机械系统等，系列螺旋桨、调速器、顺桨泵、直升机旋翼毂及尾桨、舰船用空气螺旋桨、大型系列轴流冷却风机等。

（三）通航业务

中航通飞华北飞机工业有限公司旗下的内蒙古通航公司持续开拓通勤业务，航线数量达到7条。其中，呼和浩特4条往返航线，呼伦贝尔基地5条往返航线，阿拉善基地2条往返航线。开展呼伦贝尔市满洲里、包头市、乌拉特中旗等地的“城市游、景区游、航线游”的空中游览业务；与莫力达瓦旗政府继续开展尼尔基水利枢纽水上飞行空中观光游览，实现了“水上游”四位一体的游览新体验。

四、产品开发与技术进步

（一）现有机型改进

“小鹰”500飞机，换装综合航电项目完成适航批复，开始批产；换装航煤发动机项目完成了发动机架的静力试验中国民航局目击检查，并获得中国民航局审定批准；“海鸥”300飞机开展表明符合性试飞；启动了AG100和双发涡桨项目。运5B飞机换装涡桨发动机项目完成适航申请中国民航局受理；启动了运5B、“小鹰”500飞机平台改无人机项目。通用飞机低成本初级训练系统技术研究完成验收。运8飞机配套工作完善流程，取得突破；发动机舱项目完成对合验证。

（二）配套设备研制

2017年开展了飞行器地面保障设备研制、重点型号起竖装置上位锁系统、应急舱门研制等3个国家级项目，承担了配套研制电动绞车、吊挂弹射机构研制和2型号无人机起落架研制等4项部件级航空产品生产研制项目。

（三）民机螺旋桨开发和研制工作

1．JL－4A/1螺旋桨

首次针对民用飞机开发和研制的复合材料螺旋桨，与大型灭火/水上救援水陆两栖飞机AG600配套。

2．商发复合材料OGV

积极与中国航发商发协调，进行复合材料静子叶片（OGV）研制，项目研发成功将填补国内复合材料叶片在涡扇发动机应用方面的空白。

3．发动机复合材料制件研制

进行复合材料风扇叶片和复合材料密封罩研制，正在开展风扇叶片试制和密封罩试验样件试制。

4．AC312C型直升机尾桨研制

惠阳航空螺旋桨有限责任公司与哈尔滨飞机工业集团有限责任公司协调，进行AC312C

型直升机尾桨研制，完成了地面试验件交付和典型零部件静态、疲劳试验。

五、对外贸易合作

中航通飞华北飞机工业有限公司积极推动对外贸易合作，先后向越南、非洲交付赛斯纳208B、“小鹰”500 等飞机，为拓展国际市场奠定基础。

2017 中国国际通用航空博览会于 11 月 17—19 日成功举办，开展了高规格的主题会展和论坛，建立了交流与合作平台，传递国内外通用航空先进技术，传播大众通用航空文化，带动河北通航全产业链，促进中国通用航空产业健康、快速发展。

（河北省工业和信息化厅）

山　西　省

一、基本情况

截至2017年底，山西省从事民用航空工业的企业共有2家，分别是太原航空仪表有限公司和山西微风思普瑞无人系统有限公司（原单位名称为：山西江川国威无人系统科技有限公司）。

太原航空仪表有限公司建有着力于大气数据测量、综合显示和告警系统技术研发的省级电子系统中心，拥有先进传感与测试技术的联合实验室以及一个省级企业技术中心。山西微风思普瑞公司主要自主研发无人机系列机型，已实现系列化小批量生产。该公司研制的无人机已成功应用于航拍航摄、农药喷洒、高压线巡查、地质勘探和救灾救援等诸多领域。

二、生产经营情况

2017年，山西省民用航空企业实现营业收入61458.8万元。

三、主要产品情况

山西省民用航空工业主要产品为无人机和各类航空仪表。

（一）民用飞机

无人机主要由山西微风思普瑞无人系统科技有限公司研制生产。该公司拥有WH30、WH80、WX04、WX06、WX08、MG－1等自主研发的无人机系列机型。

（二）航空设备与系统

航空仪表主要由太原航空仪表有限公司及其所属的太原太航科技有限公司研发生产，已广泛用于各类轻型、运动型飞机。主要产品包括：座舱飞行仪表、传感器与弹性敏感元件、大气受感系统、智能振动筒压力传感器系列、振动筒气压仪系列和气压仪器检定系统等。

四、产品开发与技术进步

太原航空仪表有限公司仪器仪表系统正向智能化、小型化、数字化、综合化的航空电子技术方向迈进。其民用航空业务主要以自我技术延伸与对外合作为手段，围绕民机项目，积极跟进，重点突破，已实现在MA700飞机上的配套。

五、对外贸易与合作

太原航空仪表有限公司研制生产的航空仪表、空气压力受感器、敏感元件及传感器类产品多年来已出口欧洲、北美、韩国、中国台湾等多个国家和地区，应用于轻小型飞机、通用航空、仪器仪表等领域。

（山西省经济和信息化委员会）

辽 宁 省

一、本地区基本情况

2017 年，辽宁省共有各类从事航空器及零部件生产、设计开发的企事业单位近百家，其中，规模以上民用航空工业企业 5 家；行业企业现有国家级企业技术中心 3 个、省级企业技术中心 12 个；全省规划航空产业基地及园区 7 个，其中沈阳是国家发改委批准建设的民用航空产业国家高技术产业基地。

（一）航空工业主要企事业单位

骨干航空工业企业：沈阳飞机工业（集团）有限公司、中航沈飞民用飞机有限责任公司（简称沈飞民机）、沈阳沈飞国际商用飞机有限公司（简称沈飞国际）、沈阳黎明航空发动机集团有限公司、中航（沈阳）高新技术发展有限公司、沈阳中体轻型飞机制造有限公司、沈阳兴华航空电器有限公司、辽宁联合航空发展有限公司、辽宁锐翔通用飞机制造有限公司、沈阳国泰飞机制造有限公司、沈阳西子航空产业有限公司、盘锦中澳航空科技有限公司、沈阳无距科技有限公司、辽宁壮龙无人机科技有限公司等。

地方配套企业：沈阳航达机载设备有限公司、沈阳松辽电子仪器有限公司、三橡有限公司、辽宁迪克航宇通用设备有限公司、大连四达高技术发展有限公司、大连长之琳科技发展有限公司、瓦房店轴承股份公司、东北特钢集团抚顺特钢股份有限公司、辽宁瀚海工业机电设备有限公司、凌海金城航空器材有限公司、锦州华兴航空器材有限公司等。

高校及科研院所：沈阳航空航天大学、大连理工大学、辽宁通用航空研究院、沈阳飞机设计研究所、沈阳发动机设计研究所、中国航空工业空气动力研究院（沈阳院区）、中科院沈阳自动化研究所、中科院沈阳金属研究所、中国电子科技集团第四十七研究所等。其中，沈阳航空航天大学“航空制造工艺数字化”实验室为全国国防重点学科实验室，辽宁通航研究院通用航空重点实验室为辽宁省“十三五”重大学科平台。

（二）航空产业基地及园区

辽宁省在沈阳、大连、营口、盘锦、朝阳等 5 个城市形成了航空产业基地及园区。

1. 沈阳航空产业基地

包括三个园区，即浑南航空产业园、沈北航空产业园、法库通航产业园。浑南航空产业园：位于沈阳桃仙机场北侧，规划面积约 2 千米^2，以沈飞民机、沈飞国际公司、沈阳桃仙机场为依托，生产 Q400 飞机、C 系列飞机大部件等。沈北航空产业园：规划面积 1.7 千米^2，发展通用航空研发、整机制造、航空新材料、航空衍生制造等业务。法库通航产业园：以法库县城南部的财湖机场为依托，规划建设面积 25 千米^2，分为研发制造、运营培训、综合配套、休闲旅游等 4 大板块。

2. 大连航空产业区

在登沙河产业区建设的“大连航空产业区”将作为大连市发展通用航空核心区和重要产业基地，起步区面积 14 千米^2，为全国首批通航产业综合示范区，规划以航空工业为基础，以航空服务业为主导，以滨海航空小镇为依托的航空之城。重点发展航空器研发与设计，零部件生产制造，组装与维修，航空物流与保税，航空商务与运营，教育培训，旅游度假为核心内容的航空产业集群。

3. 营口航空产业园

位于鲅鱼圈鹊鸣湖科技产业园，规划面积 6 千米^2，依托沈阳飞机设计研究所技术方合作，建设军民融合产业园。

4. 盘锦无人机产业园

在盘锦辽东湾新区无人机园区，依托辽宁猎鹰、辽宁昊一、盘锦丰瑞等无人机企业，重点发展农林牧渔作业、工业应用、运动娱乐无人机，利用引进的佳宝 J160/J230 轻型飞机组装及米－2A 轻型直升机制造项目，重点发展轻型飞行器整机组装及发动机、机载设备、机电产品等航材生产。

5. 朝阳通航产业园

重点发展飞行员、机务人员等人才培训，发展飞行培训基地，发展航空物流、旅游度假、商务和通勤运营等。

二、生产经营情况

2017 年，辽宁省民用航空工业企业完成工业总产值 46.65 亿元，同比增长 10.5%；骨干企业的民用飞机产品产值均实现较快增长。

三、主要产品

（一）通用飞机整机制造

电动双座轻型飞机“锐翔”（RX1E）由辽宁通用航空研究院研制，具有自主知识产权，2013 年 6 月完成首飞，2015 年 2 月获得中国民用航空局型号设计批准证书（TDA），2015 年 12 月获得中国民航局生产许可证（PC）。辽宁凯博通用航空器股份有限公司下属小熊飞机制造有限公司生产 CC18－180“小熊”越野飞机。辽宁联航神燕飞机有限公司引进意大利 TECNAM 公司技术生产 P2006T、P2010、P2008JC 等三型通用飞机。

（二）民用飞机零部件制造

辽宁骨干民用飞机制造企业与波音、空客、庞巴迪、中国商用飞机有限责任公司等航空制造企业均建立了稳定的合作关系，现有主要产品包括空客 A320、波音 737、波音 787、Q400、ARJ21、C919 等飞机的机体结构部件；庞巴迪 C 系列飞机前机身、中机身、后机身尾锥和舱门；ARJ21 飞机电源中心、全机身电缆；单（多）金属膜盘联轴器、飞机座舱电子综合显示仪表、飞机传感器等。

（三）航空发动机

航空发动机及关键零部件研发制造和国际转包生产，微、轻、重型等多个燃气轮机成套设备的研制、批量生产等，主要产品有机匣组件、轴类零件、环形件、槽形件、钣金件整流罩、静子壳体等。

（四）相关产业的产品及服务

航空复合材料、航空紧固件和配线材料、航空数字化制孔压铆系统、柔性装配系统、AGV 智能输送系统和飞机数字化装配生产线、液压控制系统、飞机话音告警系统航空地面保障设备、模具以及机场管理、飞机销售、通航维修、航材引进、航校培训、融资租赁、航空俱乐部、通航运营等服务。

凌海金城航空器材有限公司和锦州华兴航空器材有限公司是从事民航客机内饰件生产企业，两家公司均获得中国民航局颁发的零部件制造人批准书、技术标准规定项目批准书、重要改装设计批准书、国内主要航空公司供应商认可证书、ISO 9001 质量体系认证。

（五）航空维修服务

中国南方航空股份有限公司沈阳维修基地，主要承担民航客机维修安全保障任务，基地先后取得 MD－90、空客 A300 和空客 A320 系列飞机的全级别检修能力以及整机喷漆能力，获得了机体维修美国联邦航空局（FAA）资质，民用航空器改装设计委任单位代表“DMDOR”授权资质，为民航东北地区进口航空器授权单位。

（六）无人机装备

辽宁省无人机企业开发不同级别的固定翼和旋翼类无人机，突破任务载荷、自主导航、自动控制驾驶系统、无线链路传输系统等关键技术，提高无人机产品的可靠性和安全水平。发展农林作业和工业应用类无人机研制，并进一步扩大在应急救援、航空拍摄、运动娱乐等领域的应用。

四、产品开发与技术进步

民用飞机研发潜能逐步释放。沈飞民机参与庞巴迪 C 系列飞机研制，现承担的工作包研制任务已扩展至前机身、中机身、后桶段、舱门、尾锥、翼身整流罩、中央翼盒等 7 个。波音公司在沈阳设立了全国第一个区域性研发制造中心——中航工业—波音制造创新中心。另外，“锐翔”轻型电动飞机项目正在顺利实施。

产品智能化装配水平显著提升。沈飞国际引进的第一台自动钻铆机已实现前机身和中机身壁板月产 3 架份装配能力，第二台自动钻铆机完成设备验收评审；机器人自动加工系统和机器人自动制孔设备制造工作已全面启动。

信息化进程加速推进。沈飞民机以 ERP 系统为基础平台，建立了公司物流、信息流、资金流同步的智能物流系统，并全面推进实施 MES，顺利完成了批产项目的上线运行。沈飞国际 ERP 系统和 CAPP 软件已经上线，工装管理系统已在尾锥、舱门装配线全面应用，民机 MES 生产管理信息系统和 WMS 仓储管理信息系统均已完成前期开发并实现试运行。

民用航空发动机转包生产取得了显著进步。先后在发动机机匣锯齿孔加工、长轴珩磨加工、油气水路一体化燃油喷嘴组合加工、热障涂层、无磁钢管加工、钛合金金属黏结、蓝腐蚀表面处理、硅橡胶填充等重大技术上取得了突破，其中多项创新成果填补了公司、行业和国内的技术空白。

大连长之琳科技发展有限公司成功研制采用 PEEK 高分子复合材料的航空紧固件系列产品，包括卡箍、螺栓、支撑座等。PEEK 高分子复合材料作为一种可替代金属的高分子材料，由于其独特的重量轻、强度高、耐腐蚀等特性，已在波音、空客、中国商用飞机有限责任公司等航空制造企业广泛应用，并进入合格供应商名录。

五、对外贸易与合作

中航沈飞民用飞机有限责任公司继续深化与空客、波音、庞巴迪以及其他客户的合作。与波音公司签订了波音 777XFTB 复材壁板项目新工作包；完成了波音 737 - 48 段项目合同续签以及上速率相关协议；完成了空客 A320 机翼前缘 100 架份合同续约。

沈阳黎明航空发动机（集团）有限责任公司与客户的合作由最初的一般供应商逐步发展为风险共担的战略合作伙伴，加工的零件也逐渐从简单件向复杂件、一般件向关键件、零件向部件和组装件乃至整机过渡，合作伙伴主要包括美国通用电气能源与水处理公司、美国通用电气航空公司、意大利油气公司、英国罗罗公司、法国斯奈克玛公司、美国惠普公司、美国哈立波顿公司、意大利阿维奥公司、美国富美实公司等。

沈阳西子航空产业有限公司与 BE 宇航签订长期合作协议。双方就空客 A350、波音 747 等机型厨房管路、氧气系统覆盖件、机舱侧壁版、行李箱盖板、飞机座椅等零组件工作包开展合作。与波音公司签订商务合同，波音将在在内饰件项目转移之后，开始飞机结构件的转移。

盘锦中澳航空科技有限公司与澳大利亚佳宝飞机私人有限公司合作，引进 J230 - D 型飞机的生产组装，完成了工装、夹具的设计工作，采购了装配专用工具，开始进行组装工厂车间改造。

辽宁联航神燕飞机有限公司引进意大利 TECNAM 公司 P2006T、P2010、P2008JC 三种机型装配设备，建设飞机总装车间及公辅设施。

六、重大基础设施建设

2017 年，中航沈飞民用飞机有限责任公司实施了民用飞机研发制造平台项目。C919 后机身、垂尾自动化装配生产线设备已到货，并启动了安装准备工作，地面施工基本完成；复材厂房及净化间、热压罐、打磨间等通过了波音生产线评审，并投入使用；与复材厂房配套的变电站已投入使用。

大连市启动登沙河通用航空产业园建设，起步区面积 14 千米^2，基础设施建设投资 20 亿元，计划 5 年内建成以通用航空服务业为主导、通用航空工业为基础、海滨航空小镇为依托的通用航空之城。同时，在该地区的大连汇程铝业高强度航空铝板项目稳步推进，已完成总投资 12 亿元，80% 产品实现出口。

盘锦建设通用航空产业园，坐落在盘山县陈家镇，总体规划面积 10 千米^2。园区已投入 1.5 亿元基础设施建设资金，完成了 3000 米^{2}的综合办公楼、7000 米^{2}的机库、5 栋空勤公寓、1200 米跑道扩建工程及联络道和滑行道、停机坪、塔台等工程项目。

辽宁通用航空制造有限公司投资 5 亿元，建设螺旋桨飞机研发制造项目。项目占地 330 米^2，将打造集飞机研发、零部件生产及飞机总装为一体的产业集群，建设总装厂房、机库、交付中心、展示厅等。

七、行业管理主要工作

（一）出台一系列政策和规划

中共辽宁省委办公厅、辽宁省人民政府办公厅联合出台了《辽宁省装备制造业重点领域发展指导意见》《“一带五基地”建设工程框架实施方案》等一系列政策和规划，聚焦民用航空等重点产业，建成相对完善的产业推进、市场开发、生产运营、金融保障和服务网络，形成全产业链协调发展的产业格局。

（二）联合辽宁省航空产业联盟开展工作

辽宁省航空产业联盟由全省重点科研生产单位发起成立，由成立之初的99家成员单位，发展至157家成员单位。围绕《辽宁省人民政府关于促进通用航空产业和航空零部件制造产业快速发展的实施意见》，推动辽宁航空产业军民融合发展，促进航空工业转型升级，助力地方经济发展。

（三）开展无人机生产企业及产品信息填报

辽宁省工业和信息化委员会组织开展无人机生产企业及产品信息统计工作，经整理汇总和核实审查，辽宁省现有无人机企业近30家，有实际研发生产产品的企业15家，从业人数约500人。

（四）开展民用航空工业有序发展情况工作

辽宁省工业和信息化委员会会同省直相关部门，开展对民用航空工业项目进行了梳理汇总，辽宁省发展和改革委员会共核准了辽宁联航神燕飞机有限公司通用飞机制造项目、小熊飞机制造有限公司“小熊”CC18－180型通用飞机整机国产化项目等2个通用航空工业项目。

（辽宁省国防科技工业办公室）

吉 林 省

一、本地区基本情况

吉林省民用航空工业处于起步阶段。截至2017年底，全省民用航空企事业单位有吉林省国遥博诚科技股份有限公司、吉林威和航空科技有限公司、吉林省山河艮盛科技有限公司、长光卫星技术有限公司、吉林省大阳科技发展有限责任公司等7家，主要从事无人机设计生产，以及基于无人机的远距离宽带数据传输服务。规模以上企业有吉林省国遥博诚科技股份有限公司和吉林航空维修有限责任公司。

二、生产经营情况

2017年，吉林省民用航空工业企业实现产值1.6亿元，同比增长6%，主营业务收入为1.3亿元，同比增长7%，净利润为2400万元，同比增长15%。其中无人机销售收入为600万元，同比下降25%。

三、主要产品

（一）无人机产品

1. GY系列固定翼无人机

含垂直起降、滑行起降无人机，该系列无人机具有续航时间长、影像实时传输、适用于高危地区探测、成本低、机动灵活等特点。续航时间5小时，巡航速度120千米/时，海拔升限6000米，抗风能力5级。

2. SUF30“飞雁”固定翼航测无人机

SUF30“飞雁”航拍航测无人机具有系统安全性高、操作使用简单、系统功能贴近测绘需求、技术支持响应快速等特色，并被列入国家火炬计划立项项目。该机使用普通汽油为动力，最大起飞重量26千克。

3. “飞鹰”固定翼无人机

“飞鹰”是一种中高速小型固定翼无人机，具有使用成本低、巡航速度较高（320千米/时）、超低空性能好等特点，有较大的载荷携带能力、较好的功能扩展能力（可以改装携带诱饵、雷达反射器、龙伯透镜、声学和雷达多普靶脱靶量指示器等）。

4. N2型固定翼无人机

该机采用创新性布局设计，同时采用复合材料、PMI等先进材料及制造工艺，其起降可完全不依靠机场，而通过专用助推车和燃气助推装置可实现陆地及舰载起飞，机身下部的3个迫降气囊还能确保飞机燃油耗尽后实施海上迫降并依靠GPS定位后实施回收。

5. “云雁”W－10S固定翼无人机

主要应用于500米以下进行航测航拍低空作业，具有机动灵活、高效快速、精细准确等特点，机长0.95米，翼展1.2米。可承担云下摄影作业，影像的航拍，航测等业务。

6. “鸷鸟”固定翼无人机

主要应用于1000米以下进行航测航拍低空作业，具有机动灵活、高效快速、精细准确等特点，机长0.8米，翼展1.86米，控制半径达30千米。

7. HST“火影监察者”无人侦察机

具有机动快速、使用成本低、维护操作简单等技术特点和对地快速实时巡察监测能力，是一种新型的中低空实时电视成像和红外成像快速获取系统。

8. HST“要塞”无人信号机

“机—机—地”系统由任务无人机、母机无人机（转发机）及地面接收/发站三部分组成，无人机获取的信号传输给空中母机转发站，经转发站再送到地面接收站，即实现机—机—地传输。HST“要塞”无人信号机是“机—机—地”系统中的母机（转发机）。远距离实时宽带数据传输中型无人机系统具有机动、快速、经济等优势，具有续航时间长、影像实时传输、高危地区探测、成本低、机动灵活等特点。

9. HST“工程兵”无人测绘机

HST“工程兵”无人测绘机系统综合了GPS、热成像、高清数字图像传输等高新技术，是广泛应用于国土资源遥感、防汛抗旱监测、环保监测、森林消防、警用边防监控、野生动物监测等领域的高科技产品。

10. CW－20G“大鹏”复合翼垂直起降无人机

CW－20G“大鹏”复合翼垂直起降无人机具有不需要跑道和起降空域的特点，能在山区、丘陵、丛林等复杂地形和建筑物密集的区域顺利作业。

11. GY 系列旋翼无人机

GY 系列旋翼无人机含四旋翼、六旋翼无人机，续航速度 5～15 米/秒（可调），最大起飞重量 20 千克，最大载荷 5 千克，海拔升限 5000 千米，飞行半径 5000 米主要应用于城市规划、环境监测、资源普查、考古研究、农情监测、灾害预报、监测与评估等领域，并可及时获取高清影像数据信息。

12. 灵动系列旋翼无人机

采用自主导航飞行系统，可以执行精确地运动、悬停，搭载不同设备，可以完成资料收集、协调指挥、搜索、测量、通信、检查、侦察等不同的任务。影像分辨度高，精度可达 2 厘米。适用于城市倾斜摄影，数字城市的航拍等处理。

13. “天农”系列旋翼植保无人机

“天农”系列旋翼植保无人机是专门用于大田、玉米、水稻、小麦、棉花、大豆、果林等农药喷洒作业的航空植保器械。该产品通过了近万亩无故障作业测试，可执行各类作物的喷药作业任务。

14. Hex－rotor 系列旋翼无人机

该系列无人机开发了载重从几百克到 30 千克、飞行时间从 20 分钟到近 1 小时的 H6、CQ8、CH12、CQ16、CQH36 等 5 个系列产品。H6、CQ8、CH12 等 3 个系列产品主要应用于警用、航拍、救灾电力和测绘等以图像信息获取为主的各种应用场合；CQ16、CQH36 等 2 个系列产品主要应用于以农林业喷洒农药和叶面肥，以及满足军用大载荷测试平台的需求；CH12 生物防治平台主要应用于农林草领域的生物防治使用。

15. SUMA/P 系列旋翼无人机

SUMA/P 系列旋翼无人机可垂直起降、自主导航，使用高能锂电做动力，搭载不同的任务设备可完成通信中继、电力高压线架设、雷达校飞、物品定点投放、小面积测绘和商业影视航拍等多种空中任务。

16. 重载荷智能化物探专用无人直升机

重载荷智能化物探专用无人直升机，任务载荷 100 千克以上，续航时间 2～3 小时，飞行半径 100 千米以上，可实施航磁、航空电磁、航重、航放等探测任务。

17. SVU－200“飞虎”无人直升机

SVU－200“飞虎”无人直升机使用普通汽油为动力，最大起飞重量 300 千克，可广泛应用于战场侦察、火力指引校射、电子干扰、海洋监视、边界巡逻、灾害监测、地质勘探、地理测绘、电力巡线等领域。

18. 通用型舰载高速共轴无人直升机

通用型舰载高速共轴无人直升机是一种可垂直起飞、短距起降、结构简单可靠的通用型无人机平台，可搭载先进光电航空监测设备，可实施气候监测、矿产资源查找、突发事件监控等任务。

（二）其他民用航空产品及服务

1. 民用航空配套设备

长春奥普光电技术股份有限公司研制的机场跑道异物监测系统等航空地面装备已进行验证试验并投入使用，实现了机场跑道的智能监控。

2. 民用航空服务

吉林省福航航空学院已获得 141 部培训资质，拥有 8 架 DA40 飞机，年培训学员 60 名。吉林省国遥博诚科技股份有限公司、吉林市天天飞航空科技有限公司等企业获得国家飞手培训资质。长春工程技术学院设立了无人机驭手培训基地，年培训飞手 300 余人。吉林航空工程职业技术学院（原空军吉林航校）是为地方和空军培养航空工程各类地勤专业人员及工程技术人员的专业院校，教学内容涵盖航空修理所有专业。珲春国遥博诚科技有限公司、吉林威和航空科技有限公司等企业开展航空测绘、电力巡检、城市规划、国情普查、土地确权、农林植保、公安等通航业务，销售收入近亿元。吉林大学重载荷智能化物探专用无人直升机可实施航磁、航空电磁、航重、航放等探测任务。榆树通用机场已购买4架罗宾逊R22直升机，开展旅游观光、应急救援等通航服务。

四、产品开发与技术进步

（一）吉林省国遥博诚科技股份有限公司

在现有无人机机型的基础上，研发团队针对农作物的病虫害防治，以提高作业效率，增强耕种科技含量为目标，特开发一种用于农林业领域的无人植保机，总投资3000万元。

（二）吉林威和航空科技有限公司

1. 轻型光电载荷无人机

由三轴伺服稳定平台、高清可见光、非制冷红外热像仪等组成的小型双光一体机载吊舱系统，该系统集成红外和可见光拍摄一体，体积小，重量轻，使用便捷，有助于提升无人机续航能力。能全天候24小时监控空中及地面情况，实现对微小目标的搜索和探测，距离10米内，红外可清晰分辨异常发热部位，具备高清可见光和红外实时视频输出功能，同时具备图像抓拍与连拍功能。该样机正处于调试阶段。

2. 超翼航测无人机

该型无人机机身采用全碳纤维结构，在有效控制自身重量的前提下大幅度提高机身强度和任务挂载能力。所搭载的飞行控制模块，集成了重力加速度、磁力计、GPS信号、气压传感器等各种传感器，通过所搭载嵌入式软件系统的运算给出相应的控制信号，控制信息传递到升力模块的无刷电机及舵机，实现了飞行姿态的调节。该机所搭载的高能电池可以满足较长飞行时间和较大电流的需求，并且能够实时存储飞行状态和飞行命令。该样机正处于测试阶段。

五、重大基础设施建设

正在建设榆树通用航空产业园项目。该项目总投资50亿元，占地面积110万米^2，建筑面积10万米^2。整个项目分三期进行投资建设。一期工程计划投资10亿元，新建1条800米×40米跑道、1条400米×20米滑行道、一块400米×200米停机坪，并配套建设机库和航管、通信、塔台、供水、供电、供油等附属设施。首次采购罗宾逊R22直升机（4架）、R44直升机（2架），贝尔206直升机（2架）、429\407直升机（各1架）和赛斯纳172、162（各2架）等型固定翼轻型飞机，主要保证榆树市开展通用农化作业、森林防护、教育训练等飞行活动。

六、行业管理主要工作

为加快推进通用航空产业发展，结合落实国家关于通用航空产业发展的各项规划任务，吉林省将发展通用航空产业列入八大主攻领域和加速培育吉林新动能产业的“北斗七星”。

（一）推动通用航空产品与服务加快发展

重点依托吉林航空维修有限公司在国内航空维修的领军优势，拓宽民用在役飞机及其部附件的维修业务，进一步提升维修能力。发挥长春航空液压控制有限公司掌握航空发动液压核心控制技术优势，打造中国航空发动机控制系统研制生产基地。推动落实商务飞机、轻型运动类飞机产业项目。扩大工业级无人机、航空地面装备等技术和市场优势。

（二）提升通用航空综合服务能力

加快发展通航教学培训、低空旅游观光、快捷航空运输、应急救援、航空物流、金融、保险、租赁、服务外包、文化创意等现代航空服务业，完善航空产业发展链条，为通航产业发展提供支撑和保障。

（三）打造通用航空产业集群

发挥吉林市国家通用航空产业综合示范区示范引领作用，推动吉林航空产业园、长春天吉通用航空城规划建设，引导通航制造业向长春和吉林地区集聚发展。

（四）强化通用航空基础设施支撑能力

按照“以飞行带市场、以市场拉产业、以产业促发展”的通用航空发展路径，加快构建周边区域通用航空机场网络，推动通用航空由点到线、由线到面发展。

（吉林省工业和信息化厅）

黑 龙 江 省

一、本地区基本情况

黑龙江省是我国直升机、通用飞机、航空发动机、传动系统重要的研发和生产基地。

重点单位有哈尔滨飞机工业集团有限责任公司、哈尔滨通用飞机工业有限责任公司、中国航发哈尔滨东安发动机有限公司（简称东安集团）、中国航发哈尔滨轴承有限公司、中国航空工业空气动力研究院（哈尔滨院区）等。

重点配套单位有哈飞空客复合材料制造中心有限公司、东北轻合金有限责任公司、哈尔滨工业大学、黑龙江省石油化学研究院、广联航空工业公司等。

二、生产经营情况

2017 年行业实现产值约 120 亿元。其中哈尔滨飞机工业集团有限责任公司全年实现营业收入近 71 亿元，利润总额 2900 万元。中国航发哈尔滨东安发动机有限公司 2017 年实现营业收入 37.3 亿元，利润总额 1.7 亿元。

三、主要产品

（一）整机

形成了以直 9 系列、AC312 系列、AC352 直升机和运 12E、运 12F 固定翼飞机为代表的产品体系，构建起了“军民融合、一机多型、系列发展”的产品格局。

（二）核心部件

主要生产涡轴 16 发动机、直 8 主减速器、直 9 系列传动系统等直升机发动机和传动系统。

（三）其他民用航空产品

空客 A350XWB 及 A320 系列复合材料飞机零部件、航空轴承等。

四、产品开发与技术进步

运 12F、AC352、AC332、AC312E 按计划研制，进展顺利。获得省部级以上科技成果 10 项，技术发明专利 30 项，AC332 项目获中国航空创新创业大赛二等奖，运 12F 项目获中国军民两用技术创新大赛铜奖，复合材料项目获国家技术发明一等奖，无人机项目获国家科学技术进步一等奖。

中国航发哈尔滨东安发动机有限公司重点推进建设先进民用直升机发动机、民用直升机传动系统研制、重型直升机传动系统研制、镁铝铸造生产线能力建设、民用航空适航技术研究等项目。

五、对外合作

黑龙江省航空企事业单位与欧洲直升机公司、美国波音公司、俄罗斯空气动力研究院等多家国外单位开展了国际合作，有效提高了企业的设计、工艺制造及管理水平，初步实现与国际航空制造业接轨。

哈尔滨飞机工业集团有限责任公司从法国引进了“海豚”直升机生产技术专利，研制了直 9 系列直升机，与巴西航空工业公司合资建立了 ERJ－145 支线客机总装线，与欧洲直升机公司联合研制了 AC352 中型多用途民用直升机，与波音公司合作转包生产波音 787 复合材料翼身整流罩，与空客公司合作转包生产空客 A320、A330 的复合材料零部件。

中国航发哈尔滨东安发动机有限公司与美国联合技术公司、霍尼韦尔公司、法国透博梅卡公司转包生产多项发动机零部件和航空传动部件等。

六、行业管理主要工作

在《黑龙江省人民政府办公厅关于促进黑龙江省通用航空业发展的若干意见》基础上制定了《黑龙江省推进通用航空产业发展行动方案（2017—2020 年）》，规划到 2020 年，力争全省建成或新开工 16 个通用机场（含改扩建）；培育一批具有国际竞争力的航空装备企业。

组织哈尔滨飞机工业集团有限责任公司、中国航发哈尔滨东安发动机有限公司、中国航发哈尔滨轴承有限公司、中国航空工业空气动力研究院、北大荒通用航空、中国飞龙等企业和院所研究梳理黑龙江省航空产业发展潜力，形成《航空航天潜力分析报告》。

（黑龙江省工业和信息化委员会）

上　海　市

一、本地区基本情况

截至2017年底，上海市民用航空工业企事业单位共有40余家，包括中国商飞及其下属企事业单位、中国航空发动机集团有限公司及中国航空工业集团有限公司下属企事业单位，以及相关地方企业和外资企业。

拥有中国航空研究院上海分院、民用飞机模拟飞行国家重点实验室、国家商用飞机制造工程技术研究中心、民用航空先进检测技术实验室、商用航空发动机联合创新中心、国防科技重点实验室（航空电子）和航空科技重点实验室（故障诊断与健康管理技术）等一批科研平台。

上海是国家首批“国家新型工业化产业示范基地（航空产业·上海市）”，重点布局为：干支线飞机设计研发布局在浦东张江，飞机装配、大部件制造与试验试飞等布局在浦东祝桥东部，客户服务布局在闵行紫竹；商用航空发动机设计研发、客户服务布局在闵行紫竹，装配试车、单元体制造与试验验证布局在浦东临港；航空电子系统设计研发、集成验证、客户服务布局在闵行紫竹；航空机电设备研发制造与试验验证布局在浦东临港及相关产业园区；航空维修、飞机改装等以浦东、虹桥国际机场周边和青浦出口加工区等地域为主；航材物流以航空港、保税区等为主；航空营销和运营总部、融资租赁企业等以市及各区县专业化产业集聚区为主。

二、生产经营情况

上海地区民用航空产业2017年实现销售收入231.44亿元，同比增长13.5%；工业企业完成工业总产值242.32亿元，同比下降1.6%。

三、主要产品

（一）民用飞机

中国商飞：ARJ21－700新支线飞机、C919大型客机。

上海西科斯基飞机公司：S－300C、S－333等直升机。

（二）航空设备及系统

1. 中国航发商用航空发动机有限责任公司（简称中国航发商发）

CJ－1000A大涵道比商用航空发动机。

2. 中航通用电气民用航电系统有限责任公司

C919大型客机航电核心处理系统、综合显示系统、记载维护和飞行记录系统等。

3. 中国航空无线电电子研究所

C919大型客机显示系统及核心处理系统，AG600飞机主航行系统、电子飞行仪表系统、空中交通防撞系统和飞行管理系统，运12F特种飞机T1级航电系统等。

4. 上海航空测控技术研究所

C919大型客机客舱信息系统和客舱管理接口子系统等。

5. 上海航空电器有限公司

C919控制面板及调光控制系统和集成断路器板，MA700控制面板及调光控制系统和二级配电等。

（三）其他民用航空产品

商用飞机机载液晶显示屏，碳纤维环氧树脂合成材料，航空电线、电缆，合金材料，飞机装配工装、型架和模具，各类紧固件、标准件等。

四、产品开发与技术进步

（一）中国商飞

2017年5月5日，C919大型客机在上海首飞；7月9日，ARJ21－700新支线客机取得中国民航局生产许可证。

（二）中国航发商用航空发动机有限责任公司

2017年12月，大型客机发动机CJ－1000A

型号研制项目通过概念设计评审，大型客机发动机验证机 CJ－1000AX 首台整机在上海完成装配。

（三）中航通用电气民用航电系统有限责任公司

C919 大型客机航电核心处理系统、综合显示系统、记载维护和飞行记录系统顺利交付安装。

（四）中国航空无线电电子研究所

C919 大型客机显示系统及核心处理系统 A664 网络交换机顺利交付安装；完成 AG600 飞机主航行系统 9 个分系统的集成验证，AG600 飞机电子飞行仪表系统、空中交通防撞系统和飞行管理系统顺利交付安装；完成运 12F 特种飞机 T1 级航电系统二阶段联试工作。

（五）上海航空测控技术研究所

C919 大型客机客舱信息系统顺利交付安装；C919 大型客机客舱管理接口子系统完成 2 套客舱接口单元 CIU 地面试验件的交付，完成 66 套乘客服务单元 PSCU 地面系统集成试验件的交付。

（六）上海航空电器有限公司

C919 控制面板及调光控制系统和集成断路器板顺利交付安装；MA700 控制面板及调光控制系统正在进行第三轮原理样机详细设计；MA700 二级配电通过初步设计评审，正在进行原理样机设计优化。

五、重大基础设施建设

（一）中国商飞

在各方面的有力支持和推动下，中国商飞“一个总部和五大中心”建设顺利推进。中国商飞总部基地完成建设并投入使用。

1. 设计研发中心

规划用地约 1200 亩，先期规划建筑面积约 20 万米^2，现已建成并投入使用。

2. 总装制造中心

规划用地约 4000 亩，总建筑面积近 120 万米^2，一期建设规模 36 万米^2，现已建成并投入使用。

3. 客户服务中心

规划用地近 190 多亩，总建筑面积 10 多万米^2，现已建成并投入使用。

4. 民用飞机试飞中心

规划用地约 168 亩，总建筑面积近 10 万米^2，一期 7 万米^{2}已建设完成，即将投入使用。

（二）中国航发商发

研发基地位于闵行紫竹科学园区，占地 450 亩。总部及研发中心大楼、人才公寓等一期建设已完成并投入使用。

装试基地位于临港重装备产业区，占地 1236 亩。一期建设已完成并投入使用，二期建设正在实施中。

（三）民机航电产业园

中航民用航空电子产业园占地 186 亩，一期工程建设已完成并投入使用。

（四）浦东机场试飞跑道建设

浦东机场第四、第五跑道已全面建成并投入使用。

六、行业管理主要工作

围绕大力支持干支线飞机和商用航空发动机等的研制与产业化发展，促进上海民用航空产业的做大做强，逐步将上海建设成国家民用航空产业的重要基地。一是继续推进落实《上海市民用航空产业“十三五”发展规划（2016—2020 年）》；二是积极开展《面向民机制造产业链配套企业适航符合性研究与咨询平台建设方案研究》《民机试飞产业体系方案设计研究》《长三角通用航空资源整合研究》等课题研究，深入探索上海发展民用航空产业的路径和方法，提出具有上海特色的政策措施和相关建议；三是积极做好 2017 版自贸区负面清单的修订工作，形成符合自贸区制度创新模式的负面清单；四是支持和鼓励核心企业、高等院校、科研机构承担国家和市级民用航空类研究中心、实验室等的建设任务。

（上海市经济和信息化委员会）

江　苏　省

一、本地区基本情况

截至2017年底，江苏省民用航空工业规模以上企业38家，其中，纳入中国民用航空工业统计企业9家。2017年全省航空装备制造产值达到399.3亿元，同比增长19.25%，利润总额27.01亿元，同比增长19.46%。主营业务收入396.41亿元，同比增长19.29%。出口交货值95.65亿元，同比下降6.68%。

江苏省涉及航空研究的院校和科研所数量较多，在航空技术研发领域有较强竞争优势。

南京、镇江、无锡、常州、苏州等地的航空产业园或航空产业集群，成为行业集聚发展的重要载体。江苏省抓住国产大飞机项目带来的重大机遇，积极顺应通用航空产业加快发展的形势，在整机制造、动力系统、机电系统、航电系统、航空材料、机场设施、机舱设施等产业链各环节都有了较好发展，特别是在轻型动力系统、液压系统、燃油系统、雷达系统等方面形成了一定竞争优势。

二、主要产品

（一）整机技术与产品

轻型飞机、公务飞机、无人机。

（二）航空轻型动力技术与产品

100~500马力[①]活塞式发动机、8000牛以下（重点是5000牛以下）推力的涡喷/涡扇发动机、1兆瓦级功率以下燃气轮机、航空动力辅助系统。

（三）航空电子系统技术与产品

航空通信系统、飞机座舱仪表显示系统、空管雷达、天气雷达、卫星云图接收设备、高空气象雷达、数字式电子探空仪等。

（四）航空机电系统技术与产品

航空发动机电子控制系统、航空惯性导航系统、航空发动机参数采集器、航空发动机民用飞机和直升机飞控系统、液压传动系统、电源/电气系统、燃油系统、环境控制系统、装载及空投系统等。

（五）航空保障技术与产品

航空指挥调度系统、航空灯光电源系统（探冰灯、标志灯、翼尖保护罩、翼根保护罩）、航空检测设备、大型客机客户服务应用系统集成平台软件、市场与客户支援管理系统、飞机状态监控及健康管理系统、信息系统综合测试平台、便携式外场测试仿真系统、适航管理工作平台及登机廊桥、加油车、飞机维护等地面综合保障设备和系统。

（六）其他航空技术与产品

航空安全座椅、航空内饰件、航空新材料（以气凝胶、相变材料等新材料为代表的航空航天保温隔热材料、铝合金型材、航空发动机叶片用铸造母合金、高温合金、碳/碳复合材料、超级纤维、钛合金、镍合金、铜合金、精密不锈钢制品等）、航空精密轴承、飞机轮毂、航空发动机零部件（航空发动机叶片、整体叶盘、静叶片、导叶片、机匣，实心或带陶瓷型芯的涡轮动、导叶片及结构件等）。

三、产品开发与技术进步

江苏省民用航空工业企业不断加大研发投入，产品开发和技术水平进一步提升。2017年，江苏省民用航空企业在C919国产大型客机、AG600国产水陆两栖飞机、MA600新一代国产涡桨支线客机等国家民用航空重大工程中发挥了重要作用，积极参与配套研制和配套产品供应。

航空工业金城南京机电液压工程研究中心，全面参与C919大飞机项目的燃油、液压、空气管理三大系统研制工作，共研制交付83项产品，还承担了AG600飞机气源和空调系统、压

① 1马力=0.7354987千瓦。

力加油与应急放油系统等多项产品的研制工作包，被中国航空工业集团有限公司确定为燃油、液压、空气管理系统的系统集成和设备发展的产业化基地。

无锡飞而康精密铸造有限公司为 C919 提供了 3D 打印钛合金零部件。

中航雷华柯林斯（无锡）航空电子有限公司为 C919 提供航空电子解决方案以及配套服务等。

航天海鹰（镇江）特种材料有限公司是复合材料制件主要的供应商。

江苏永瀚特种合金技术有限公司已完成部分国有燃气轮机整机配套热部件的交付任务。

无锡透平叶片有限公司将螺旋压机为主的相关技术有效地应用在航空发动机领域相关产品，近年共获得国家和省各类奖项 20 余项。

无锡润和机械有限公司已突破了整体叶盘、无余量叶片加工的关键技术。

中航雷达与电子设备研究院为 AG600 飞机、C919 飞机配套生产显示器和灭火控制面板、CJ－1000AX 发动机配套传感器等。

此外，模幻天空航空科技有限公司研发的无人机航拍交通事故处理与抓拍系统，已在江苏省内多个地市的交通系统投入使用，研制的无人机反制系统参与了 2017 年国家公祭日悼念活动；大翼航空科技有限公司与江苏省农业科学院农业信息研究所合作研发了“星空地一体化的高标准农田建设遥感监管平台”，获得“江苏省农业科技自主创新资金”奖励；拓恒电子科技有限公司完成了基于飞行控制系统的软件开发平台；无锡十月中宸科技有限公司开发了无人机监测与反制系统项目；苏州昆山鲲鹏无人机科技有限公司与国家邮政局联合开展山区无人机快递试验。

四、对外贸易与合作

江苏永瀚特种合金技术有限公司是通用电气（GE）能源和安萨尔多的全球高温部件合格供应商，为 GT26 和 AE94.3 等 F 级重型燃气轮机批量提供产品；无锡航亚科技股份有限公司成为美国本土以外首个承接 GE 航空发动机压气机叶片和 GE 航发及航改燃机的供应商，2017 年成为罗罗（RR）公司精锻部件供应商；苏州中佳精密机械有限公司的深加工航空发动机重要零部件以及航空发动机刹车制动片，获得美国霍尼韦尔公司好评，并被美国霍尼韦尔公司指定为国内唯一供应商；菲舍尔航空部件有限公司新承接了 ARJ21－700、庞巴迪飞机整流罩、欧洲宇航防务集团（EADS）翼肋角材加强件等工作包 10 个；江苏图南合金股份有限公司是美国 GE 热端部件精密铸造一级供应商，产品已经进入国际燃气轮机市场；爱励铝业（江苏）有限公司累计向全球航空产业供应的铝合金航空板材突破 25000 吨，实现销售 7.5 亿元，二期爱励空客机翼板深加工已经全面开工建设；江苏美龙航空部件有限公司成功进军航空国际转包业务，新签订空客 A350 飞机 Galley 系列复合材料部件国际转包业务 200 万美元。

五、行业管理主要工作

江苏省围绕“十三五”深化产业结构调整、加快经济转型升级工作，高度重视民用航空装备产业的发展，把民用航空装备产业纳入战略性新兴产业，加强统筹谋划和发展推进，2017 年重点推进了以下工作。

一是对本地区航空装备产业最新发展动向加强跟踪，开展民用航空装备产业发展专项调研。

二是加强航空装备产业的规划，制定了《江苏航空航天装备制造业集群对标分析》，分析研究江苏航空装备产业发展的问题和短板；制定了《关于促进和规范民用无人机制造业发展的意见》，促进江苏民用无人机产业更好更快发展。

三是积极对接国家出台的相关政策文件，抓紧制定加快全省航空装备产业发展的意见。

（江苏省经济和信息化委员会）

浙　江　省

一、本地区基本情况

截至2017年底，浙江省拥有航空产业相关企业近100家，其中，纳入中国民用航空工业统计企业13家，涉及特种飞行器、航空零部件、航空材料、航空内饰等领域。在建和规划建设的航空特色小镇近20个，包括建德通航小镇、德清通航智造小镇、安吉通航小镇、新昌万丰航空小镇、台州无人机国际航空小镇。全省民用航空产业呈现有序健康发展态势。

二、生产经营情况

2017年，浙江省纳入中国民用航空工业统计的企业实现工业总产值9.25亿元，实现销售收入8.69亿元，实现利润0.11亿元。其中民用航空产品产值5.26亿元，出口交货值4.61亿元。

三、主要产品

（一）民用飞机

多用途固定翼飞机、轻型直升机、无人机等。

（二）其他民用航空产品

零部件生产加工：航空发动机叶轮叶片、盘匣组件及飞机舱段、航空紧固件、飞机舱门、座椅、直升机停机坪等。

（三）航空新材料

航空发动机叶片用高温合金、氟特种功能材料、航空用发泡材料、碳纤维、精密钢管等。

（四）生产、检测设备

数控弯管机、六工位管端成型机、复合材料加工设备、飞机大部件数字化装备生产线、壁板累零件自动钻铆设备、碳纤维自动铺层/辅丝专用设备、润滑油金属屑末检测器、低压电器、防爆电器等。

（五）相关服务业

航空租赁、航空旅游、航空摄影、飞行作业、紧急救援、航空会展、航空培训，以及航空技术开发、技术咨询等。

四、产品开发与重大基础设施建设

台州引入中国航天空气动力技术研究院“彩虹”无人机项目和北航台州长鹰通用航空产业园项目，其中“彩虹”无人机项目建设内容包括大型无人机制造、中小型无人机制造（含旋翼机）、机载武器制造、无人机飞行应用技术研发、无人机应用级航空职业培训等五大板块。一期总投资12亿元，已处于动工状态。

西子航空工业有限公司在杭州大江东产业集聚区的总投资为3.65亿元的年产200万件飞机零部件项目（一期）已开始投产，总投资为3.5亿元的航空复合材料生产基地建设项目（二期）已动工。

浙江百合航太复合材料有限公司总投资1亿元的预浸料工艺技改项目，已投资2000万元。

浙江嘉航科技有限公司总投资1.5亿元的年产200万件飞机客舱座椅配件、餐橱柜配件、卫生间配件等航空部件产品，以及年产9万套机舱内饰总成件项目，正在土建中。

杭州艾美依航空制造装备有限公司自主研发的飞机制造生产线专用的自动钻铆机、自动定位器、机器人制孔系统、自动制孔机床、环形轨制孔系统、自动铺丝机等设备已广泛应用于国内军用飞机、通用飞机等飞机制造厂家。

浙江日发航空数字装备有限责任公司总投资30亿元，年加工10000件航空零部件建设项目，机加工厂房基本建设完成，部分设备已经到位并开始试运行，复材车间已经开始规划设计。

万丰航空工业有限公司总投资40亿元的轻型运动飞机整机及复合材料制造项目厂房建设已完成。

五、对外贸易与合作

在国际合作中，舟山引入波音 737 飞机完工和交付中心项目，该项目是波音首个海外工厂，总投资 60 亿元，已于 2017 年 5 月动工建设。根据计划，将开展波音 737MAX 系列飞机内饰安装、涂装及飞机维修和维护、飞机交付工作。西子航空于 2015 年 7 月在中法两国总理的见证下与空客签署了紧固件战略合作协议，交付空客 A321 前起落架舱等完整的飞机重要部件。

六、行业管理主要工作

（一）着力抓规划政策制定

积极推动落实《民用航空工业中长期发展规划（2013—2020 年）》，制定出台《浙江省人民政府办公厅关于加快通用航空业发展的实施意见》（浙政办发〔2017〕66 号）。进一步明确了坚持市场主导、政府引导，创新驱动，军民融合、协调发展的指导思想，确定了培育通用航空市场、壮大通用航空产业的主要任务。

（二）着力抓产业重点领域

重点推进活塞、涡轮发动机飞机整机制造，加快发展 2 座轻型运动飞机、4～8 座载人飞机、小型公务机、水陆两栖飞机、新能源飞机、民用直升机等制造。重点研制大中型无人机、智能无人机和高端航模等系列产品，提高关键技术开发应用和关键部件、航空新材料的自主研发能力，推广应用北斗导航、广播式自动监视等新技术。

（三）着力抓集聚平台建设

重点推进“一核”（舟山航空产业园）、“三区”（杭州、宁波、温州航空产业集聚区）、“十镇”（台州无人机国际航空小镇、新昌万丰航空小镇、建德航空小镇等十个左右航空小镇）、“一网”（航空运营与服务网络）的建设。

（四）着力抓重大项目推进

重点推进落实舟山波音 737 飞机完工和交付中心、台州“彩虹”无人机、杭州大江东西子航空飞机零部件、新昌万丰航空轻型运动飞机和航空材料等一批重大项目。积极推进宁海通用航空产业园、宁波航天智慧科技城、衢州深圳华越航空产业园、舟山航空产业园、杭州湾新区通用航空产业园等建设。

（五）着力抓骨干企业培育

积极支持西子航空工业有限公司、万丰航空工业有限公司、浙江恒鹰动力科技股份有限公司、精工集团有限公司、浙江恒鹰动力科技股份有限公司、杭州天扬机械有限公司、华擎科技股份有限公司、宁波星箭航天机械有限公司等航空制造领军企业通过科技创新、合资并购、产业链延伸等方式做大做强。引进和培育一批航空适航资格培训、航空发动机关键零部件制造、航空销售维修、航空专业服务等领域的特色服务型企业。

（浙江省经济和信息化委员会）

安　徽　省

一、本地区基本情况

安徽省主要企业有合肥江航飞机装备有限公司、中科合肥微小型燃气轮机研究院有限责任公司、中电科芜湖钻石飞机公司、芜湖钻石航空发动机有限公司、应流集团、中国电子科技集团有限公司38研究所、中国人民解放军第5720工厂、安庆市曙光军工有机玻璃有限责任公司、芜湖航天特种电缆厂股份有限公司、合肥赛为智能有限公司、安徽云翼航空技术有限公司等单位。

全省已逐步形成整机生产、发动机生产、关键特种部件生产、飞机全生命周期修理、日常维护保障等完整的民用航空产业链。现有和在建的航空园区主要有芜湖航空产业园、合肥航空产业园、六安航空产业园等。不断开展通用飞机、无人机、通航发动机、机载设备、特种设备、航空/航天电缆和航空仪表等民用航空装备的研发和生产工作，并取得较好的社会和经济效益。

二、生产经营情况

2017年全省民用航空工业完成工业总产值约28亿元，利润约3亿元。

三、主要产品

（一）民用飞机

DA42双发四座轻型飞机、DV20单发两座轻型飞机、多用途教练机、UH－120超轻型通用无人直升机、单旋翼植保无人机、多旋翼植保无人机、工业级固定翼无人机、水上飞机等。

（二）其他民用航空产品

AEC2.0航空发动机、AEC180水平对置航空发动机、微小型燃气轮机、航空仪表、航空/航天供氧系统、航空雷达、波纹管、航空结构件、航空/航天电缆、航空钣金产品和航空复合材料等。

四、产品开发与技术进步

中电科芜湖钻石飞机公司完成“安徽造”钻石飞机首批交付，形成年产单发双座、双发四座400架生产能力。合肥赛为智能有限公司军民两用工业级无人机实现产业化，开发包括固定翼、多旋翼无人机、无人直升机、系留无人机等工业级无人机产品，广泛应用于公安、武警、消防、森林、植保、应急、测绘、巡检等行业。芜湖万户航空航天科技有限公司建有大型无人机工厂，厂房规模近万平方米，无人机已实现批量化生产。安徽“天路”无人机、“灵翔”无人机、“阿尔发”无人机开展小批量试生产。

安徽航瑞航空动力装备有限公司重点围绕军民两用1000马力以下活塞和中小型涡轮发动机项目，建立通航发动机研发体系，全力打造具有自主知识产权的航空发动机产品。一期总投资6.5亿元，完成生产车间、试验中心、油罐区等工程建设，自主正向研发2款航空汽油、4款航空重油活塞发动机样机，3款活塞发动机成功点火。安徽应流集团生产的燃气轮机定向单晶叶片走向国际市场。钻石航空发动机公司引进、消化奥利地钻石航空发动机技术。中科合肥微小型燃气轮机研究院有限责任公司主要开展适用于军/民用直升机和军用电源的0.1兆瓦燃气轮机研制。

安徽英釜航空科技有限公司航空模拟器项目一期建成。合肥江航飞机装备有限公司开展了包括空勤人员供氧系统、旅客供氧系统、便携式供氧装备等民机产品的研制工作，AC313直升机配套供氧系统、ARJ21配套产品已完成全部研制任务和实现交付。安庆市曙光军工有机玻璃有限责任公司自主研发的各种规格涤纶增强丙烯酸酯板材是飞机舱罩连接件的首选材料。

五、重大基础设施建设

（一）芜湖通用航空产业集聚发展基地

自2013年底启动实施以来，抢抓国家开放低空空域、航空产业跨越发展的重要战略机遇，充分发挥芜湖装备制造业和航空产业基础优势，依托芜湖宣城民航机场、芜湖三元通用机场，重点发展通航产业、临空经济和空港物流。基地核心区（芜湖航空产业园）规划占地8.4千米^2，远期规划面积56千米^2。该产业园被列入安徽省第二批战略性新兴产业集聚发展试验基地后，国家发改委于2017年9月正式批复同意全国第一批26个通用航空产业综合示范区实施方案，芜湖为安徽省唯一入选城市。芜湖民用航空产业链呈现集群发展态势，实现了整机、发动机、螺旋桨、航空电子、模拟机、航空零部件等自主化生产。

（二）合肥航空产业园

合肥是全国重要的制造业基地，拥有航空工业合肥江航飞机装备有限公司为代表的航空产业园，以及围绕航空制造业的各类零配件制造类、服务类企业。合肥航空产业园致力于推动通航产业发展，建立完整的通用航空产业链，夯实综合保障体系，构建"3+4+3"通用航空产业体系，即着力发展公益类运营、生产类作业、消费类运营等3大通用航空市场运营业，培育壮大无人机、水上飞机整机、小型固定翼飞机整机、通用飞机关键零部件等4大通用航空研发制造业，拓展提升航空金融、会展交易、航空文化等3大通用航空延伸服务业。

（三）六安航空产业园

六安航空产业园是由安徽应流集团全资子公司安徽应流航空科技有限公司投资兴建，总投资约91亿元，占地面积约为5380亩，主要建设1000马力以下小型航空发动机和轻型直升机的研发、制造、销售及售后服务等核心业务，项目建成达产后预计年销售收入100多亿元，实现利税20亿元。

项目分期建设，一期项目计划投资25亿元，实现1000马力以下发动机和应急电源、重载无人机、轻型直升机等航空装备产业化，建成达产后预计新增产值超50亿元。应流德国技术公司完成中小型发动机、轻型直升机核心技术研究，在国内实现技术转化和国产化生产。三款130～190马力发动机各项验证即将完成，有望实现国内批量生产，是轻型直升机、重载无人机、潜航器以及地面应急电源等军民融合新型装备的急需动力。

六、行业管理主要工作

安徽省积极贯彻《民用航空工业中长期发展规划（2013—2020年）》，精准对接发展航空航天装备要求，积极参与国产大飞机、支线客机研制及产业化，力争突破新型航空材料、航空发动机关键部件、液压系统、燃油系统、雷达系统、航空电子等关键核心技术。鼓励相关骨干企业研制民用支线飞机、直升机、无人机等，实现中小型飞机整机制造技术的突破，不断发展先进卫星遥感、通信、导航等技术，加快开发北斗导航接收、发送等关键设备和部件。

（一）开展植保机补贴试点

安徽省制定了《安徽省农业机械管理局安徽省财政厅中国民用航空安徽安全监督管理局关于开展农机购置补贴引导植保无人飞机规范应用试点工作的通知》（皖农机计财［2017］180号）开展植保无人机补贴试点，对载药量10升及以上的电动多旋翼植保无人飞机进行补贴，2017年，全省植保无人机认定24家企业，37个型号产品入围，补贴金额1.6万元/架，补贴对象为农业生产经营组织。

（二）促进提高整机研发能力

组织省内企业积极对接和吸纳国内外民用航空优质资源，大力引进高层次航空技术团队，构建全省航空业研发创新体系，重点突破民用飞机整机系统设计、制造、测试、集成开发等关键技术，开发系列化通用飞机产品，形成固定翼飞机、教练机、直升机、小型公务机、军民两用无人机、滑翔机等通用飞机整机制造能力。

（三）大力完善产业配套链条

重点突破通用飞机用活塞式航空发动机和中小型涡桨、涡轴、涡扇发动机研发制造。大力发展关键航空机载设备、航空部件研发制造和集成供应等相关产业。推进高性能复合材料、高温合金材料以及高端轻质高强度金属材料等先进航空航天用材料的研发和产业化。

（四）不断推进产业集聚发展

加快建设合肥、芜湖、六安等航空关键零部件制造产业集群，积极支持芜湖航空产业园创建省战略性新兴产业集聚发展基地，重点扶持一批通用航空整机及关键零部件制造企业，推动土地、资本、人才、技术、信息等要素向产业园区集聚。

（安徽省经济和信息化委员会）

福　建　省

一、本地区基本情况

福建省民用航空工业主要以民用航空维修、零部件加工制造、水陆两用飞机和无人机制造为主，集中在厦门航空工业区和泉州出口加工区。其中，以厦门太古飞机工程有限公司为龙头，在厦门航空工业区内已聚集了厦门太古发动机服务有限公司、厦门霍尼韦尔太古宇航有限公司、厦门豪富太古宇航有限公司、厦门汉胜秦岭宇航有限公司、通用电气发动机现场支援（厦门）有限公司、美捷特（厦门）传感器件有限公司、厦门太古起落架维修服务有限公司、厦门新科宇航科技有限公司等著名国际航空集团（公司），具备了飞机结构维修、老龄客机改货机、发动机维修、起落架维修、辅助动力系统、航电系统的维修的能力，并且能为飞机、发动机和零部件提供全方位的支援服务。

二、生产经营情况

截至2017年底，福建省有1家“规模以上”飞机维修及制造企业。2017年全行业累计完成工业总产值143.54亿元，比2016年增长3.9%，实现出口交货值135.22亿元，增长5.5%；实现主营业务收入143.4亿元，增长5.6%；实现利润7.60亿元，增长46.2%。

三、主要产品

（一）航空维修服务和改装

主要承担飞机结构、发动机、起落架、辅助动力系统、航电系统的维修。大修及改装能力涵盖波音737/747/757/767/777，空客A320系列/A330/A340及麦道MD－11机型。拥有最高级别（D检）的大型检修/飞机结构改装/客舱内部翻新及改装/航电系统升级/褪漆及喷漆/客机改货机能力等。

（二）航空零部件制造

机加件、钣金件、地板梁组装、电线组装等。

（三）民用飞机

福建野马飞机制造公司：“野马”600和“野马”610水陆两用飞机。

（四）无人机制造

福建方圆翔飞航天科技“方圆”六旋翼，固定翼环保、警用、森林防火、防汛、国土监察等系列无人机，厦门航发“HF”系列无人机，厦门致睿智控“致睿”六旋翼系列无人机等。

（五）支援服务

为飞机发动机和零部件提供全方位的支援服务。

（六）维修技术培训

为全球新机型飞机维修提供技术培训服务。

四、产品开发与技术进步

（一）整机维修和改装

厦门太古飞机工程有限公司是中国第一家为空客A380飞机提供航线维修服务的维修机构；建立了亚洲首个获得波音和空客批准的公务机及私人飞机客舱整装中心，除波音本土外全球首家波音747－400客改货项目的飞机维修机构。

（二）水陆两用飞机制造

福建通航航空产业有限公司旗下的福建野马飞机制造有限公司生产水陆两用飞机，以及具有自主知识产权的通用飞机制造。拥有“野马”600、“野马”610两款通用飞机的知识产权，正积极推进4座“野马”空中巡洋舰飞机研发、“野马”610水陆两用型飞机改型设计等工作，拓展国内外2～6座通用飞机的市场。

（三）航空发动机制造

厦门林巴贺航空发动机股份有限公司具有

航空活塞发动机制造的核心自主知识产权。

五、行业管理主要工作

（一）指导产业发展规划

福建省从加快构建通用航空基础设施网络，大力培育通用航空市场，积极推动通用航空产业发展，提升通用航空服务保障能力，发布了《福建省人民政府办公厅关于印发促进通用航空业发展实施方案的通知》（闽政办［2017］54号），全面推进福建省通用航空产业发展。

（二）加大政策支持力度

依托福建省既有服务业引导资金、科技成果转换资金、创投基金等，支持通航企业从事通用飞机研发制造、通航服务开拓和人才培训。支持符合条件的通航企业上市融资或发行债券，吸纳民间资金、创业投资基金参与通用航空产业投资发展。

（三）加快引导新产品开发

依托省电子信息产业和先进制造产业优势，积极引导发展通用航空通信、导航、监视、机载设备、ADS－B、机场特种装备等产品的研发与制造。

（四）加强新通航项目引进

支持企业和社会资本通过自主研发、对外合作、整体收购、合资合营等方式，进入通用航空研发、设计、制造、组装和维修等领域，积极引进国内外通航研发制造企业到福建省投资兴业，加快培育发展一批多用途固定翼通用飞机、水陆两栖飞机、民用直升机、轻型航空器、无人机等通用航空器的整机或零部件研发、制造和维修企业。

（福建省经济和信息化委员会）

江 西 省

一、本地区基本情况

江西省航空产业发展历史悠久，早在 1935 年就设立了中意南昌飞机制造厂。中华人民共和国成立后，国家“一五”计划就重点布局了南昌飞机制造公司。经过 60 多年的发展，江西初步建立起了教练机、直升机、无人机和通用飞机等较为完整的航空产业体系，拥有航空企事业单位 90 家，其中航空制造整机及配套单位 64 家，航空运营及服务单位 21 家，航空科研及教育单位 5 家，职工 3 万余人。拥有 2 个整机设计研究所，3 所航空类大学和职业学院，2 个国家级企业技术中心，12 个省部级国家重点实验室和工程中心，3 个航空专业博士后科研工作站、70 个硕士点。全省航空工业系统专业技术人员 9000 余人。江西洪都航空工业集团有限责任公司厂所一体、航空工业昌河飞机工业（集团）有限责任公司厂所结合为相关机型的快速研制奠定了基础。

二、生产经营情况

2017 年，江西民用航空产业实现营业总收入 9.8 亿元，利润总额 0.84 亿元，其中江西洪都航空工业集团有限责任公司国际航空转包实现生产交付总值约 279 万美元。

三、主要产品进展情况

（一）大型客机

大型客机业务为大客机 C919 机身段。

（二）转包生产

航空转包业务主要有波音 747－8、GR787 项目。

（三）直升机及无人机

直升机主要有 AC313、AC311、AC352 等，以及 JH－1 无人直升机、JH－2 有人植保直升机等，其中，无人直升机皆为 500 千克级别，既可用于军用靶机、试验机等，也可用于民用农林喷洒等。

四、产品开发与技术进步

2017 年 5 月，C919 大型客机 10103 架机前机身、中后机身及舱门通过制造符合性检查，完成交付。江西洪都航空工业集团有限责任公司应用自动定位技术、自动钻铆技术、机器人制孔技术的厂家，大幅提高了装配精度和效率，提升了装配质量，缩短了装配周期，最终 10103 架机首次以无保留、齐配套的模式交付。

10104 架机装配正在进行中。

C919 项目持续改进管理和技术，完成了 218 项紧急订货零件的生产工作，及时保障了多架 C919 科研飞机的装配以及 101 架首飞需求；制造能力得到大幅提升，外协零件从首架机 2000 余项到 103 架 600 余项，外协数量明显减少，加工能力有效提升；关键技术攻关突破，公司自身立项的 33 项关键技术攻关项目基本结题；103 架中后机身开始应用自动钻铆技术，蒙皮镜像铣应用能力不断提高。

五、对外交流与合作

江西洪都航空工业集团有限责任公司在国际民机转包市场开发方面，积极开展对外交流合作，主要转包项目包括转包波音 737MAX 风扇整流罩蒙皮项目、波音 777X 翼间肋项目、波音钣金和机加组件综合项目、波音 737/777X 框板项目、波音 737MAX 起落架舱门项目等。

国际航空转包业务圆满完成了年度订单计划。其中波音 747－8 项目完成完成了 80 个工作包，约 149 万美元的交付任务；GR787 项目 2017 年共计交付近 3000 件零件，交付产值 130 万美元。

六、重大设施建设

2017年，南昌航空城北区建设基本完成，标准件厂、热表处理厂、工装工具厂等第二批搬迁单位启动搬迁。南区建设全面开工，飞机部装厂房已基本竣工，瑶湖机场完成场道主体工程建设，营房等18个栋号配套工程已完成主体工程建设。

（江西省国防科学技术工业办公室）

山　东　省

一、本地区基本情况

截至 2017 年底，山东省列入统计范围的重点民用航空生产及维修企业有 7 家，分别是山东艾诺仪器有限公司、东方蓝天钛金科技有限公司、山东翔宇航空技术服务有限责任公司、威海广泰空港设备股份有限公司、山东滨奥飞机制造有限公司、山东太古飞机工程有限公司和航空工业济南特种结构研究所。

二、生产经营情况

2017 年，山东省民用航空工业列入统计范围的单位完成工业总产值 16.51 亿元，交付民用飞机价值 3522.52 万元、民用飞机零部件产值 7620 万元、民用飞机机载系统和设备零部件 472 万元、其他民用航空产品及零部件 8.41 亿元，民用飞机修理收入 5.28 亿元。实现主营业务收入 16.76 亿元，利润 2.19 亿元，转包交付金额 7439 万元。

三、主要产品

主要产品包括：DA40D 型通用飞机，无人飞行器，航空铸锻件、航空铝型材，涡轮增压器、航空液压件、钛金紧固件、各类合金铆钉，飞机轮胎、碳飞机刹车盘，各型空港地面设备、航空地面电源，以及民用飞机及航空器维修服务。

四、产品开发及技术进步

山东省内民用生产、维修航空企业结合市场发展方向，加大新产品研发力度，不断挖掘潜在市场需求，积极承接国内外飞机零部件生产任务。有关民用航空企业充分发挥自身技术优势，加大技术研发投入，在轻型航空发动机、空港地面设备、民用航空维修方面形成多项专利。威海广泰空港设备股份有限公司积极拓宽产品产业链，开展无人机研发，完成了自主研发的高速固定翼无人机飞控系统的设计验证。

五、对外贸易与合作

山东省民用航空多家企业与德国、法国、奥地利等国航空生产企业、科研机构合作，引进制造技术和管理机制，提高航空装备制造能力水平，并积极参与国际市场竞争。青岛蓝谷高新区引入德国空客直升机集团 H135 直升机总装线项目，总投资约 1 亿欧元，中方占股 49%；项目计划建设空客直升机集团在欧洲以外的首条 H135 总装线，以及配套的直升机交付中心、维修服务中心、航材物流中心、飞行员和机务人员培训中心；项目一期总装线外方投资 2450 万欧元。

六、重大基础设施建设

近年来，山东航空产业园区发展较快，济南、青岛、莱芜、滨州等市航空产业园区建设初见成效。

（一）济南市

济南航空与维修工业园是山东省政府为加快山东航空工业及配套业发展而确定的高新技术工业园，致力于研发生产航空复合材料、维修和改装各型飞机。

（二）青岛市

青岛市将航空经济纳入重点培育发展的十大新兴产业之一，先后获批胶东临空经济示范区、国家通用航空产业综合示范区，计划在胶州、高新区规划建设航空产业集聚区，黄岛区重点发展直升机及上下游产业链、通用航空产业，项目已进入前期筹备阶段，正在委托专业机构开展新区航空空域论证和产业规划工作。高新区以前哨航空技术装备产业园为依托，主要发展飞机零部件配套产业。在即墨、胶州规划建设通用航空产业园。青岛轻型动力研究所建设了20000米高度、1000千克推力的涡扇发动机高空试验平台，实现了轻型发动机自主研发能力和部件级高空试验能力。

（三）莱芜市

莱芜市雪野旅游区航空产业园以航空体育为切入点，大力发展通用航空产业，初步形成了研发制造、航空旅游、通航运营、维修服务等较为完整的通用航空产业链。

（四）滨州市

滨州市大高航空产业园以制造轻小飞机为主导，重点开展轻小型通用飞机的研发、配套、维修，以及航空物流与航空服务等，经过近10年的发展，在飞行员培训、通用飞机制造与维修等领域取得了显著成绩。

七、行业管理

（一）强化管理部门间的沟通协调

山东省经信部门和国防科技工业管理部门加强沟通，理顺部门间的工作关系，强化省内民用航空工业信息数据的调度和共享，在组织体系层面为进一步推进行业发展打下良好基础。

（二）深入开展行业调查研究

广泛与省内有关市地、民用航空生产企业对接，了解省内民用航空工业发展情况。在全省范围内，开展民用航空调研活动，实地调研多个民用航空企事业单位。

（三）加强对重点项目跟踪服务

加强对在建项目考察调研，先后开展在建项目书面调研和现场考察，梳理一批地方政府、地方企业的民用航空项目，筛选重点，完善航空在建项目库，做好协调服务。

（四）强化资金扶持

多次与省财政沟通，增加军民结合产业发展专项资金额度。修改专项资金管理办法，统筹项目资金分配方向，加强用于支持民用航空认证、科技创新等的资金支持力度。

（五）继续推进民用航空工业有序发展

按照国家要求，认真梳理民用航空在建项目，协调有关市对缺乏市场需求和分析、落后过时的项目进行了清理，促进民用航空工业有序健康发展。

（山东省国防科学技术工业办公室）

河　南　省

一、本地区基本情况

河南省对民用航空产业的发展高度重视，结合河南省的地域优势，已建成了安阳市通航产业园、郑州国家通用航空试验区、西华县无人机产业园等3大通用航空产业基地。截至2017年底，河南省民用航空工业无人机生产企业有25家，产品52种，主要包括农林植保无人机35种，电力等巡检无人机8种，航拍测绘无人机6种等。

安阳全丰航空植保科技股份有限公司（简称全丰航空）建成国内首家获农业部批准建设的航空植保重点实验室，院士工作站通过验收。

二、生产经营情况

安阳全丰航空植保科技股份有限公司2017年销售额达到2.2亿元。2017年，西华县无人机产业园年产1000架无人机，实现销售收入近1亿元。

三、主要产品

通航产业的发展带动了安阳产业升级转型，除了航空运营之外，还涉及飞行器与发动机研制，以及冶金、化工、先进材料、电子、信息、精密加工等技术和产业。总投资1.5亿元的安阳壮龙无人机科技有限公司多旋翼燃油驱动无人机和燃油驱动发动机项目（年产1.3万台）在内的多个项目进展顺利。安阳神鹰航空科技发展有限公司组装生产的美国自由航空公司XL2轻型飞机在2016年珠海航展上亮相，正在着力开展市场推广。豪克科技发展有限公司航模产品畅销欧美、日韩等地。法国TOP公司合作生产飞机项目也已正式落户安阳。上海国叶投资管理公司就航空产业园规划建设与安阳展开合作。沈阳航天中测科技有限公司计划在安阳生产无人机。

四、产品开发与技术进步

全丰航空、全丰天翔全年产销无人机1200余架，标普农业在国内首次完成百万亩级飞防作业，在全国15个优势农业省设立县级标普公司50家，乡镇服务站点400家，作业面积突破1000万亩。

河南三和公司自主研发能力不断增强，2017年相继推出新产品“阿凡达”飞行摩托、“太阳之鹰”自转旋翼机、“火箭”系列无人机等。

郑州海王公司完成了HW－1、HW－2两款地效飞行器的研制，获得国家专利32项。

郑州啸鹰公司通过了CCAR－145部运行合格审定。

河南美之邦航空维修公司获得了CCAR－145部维修许可证书。试验区具备航空器维修能力的通航企业队伍进一步壮大，服务水平进一步提升。

五、重大基础设施建设

（一）航空产业园建设

建成面积107亩，总建筑面积6万米^{2}的西华县无人机产业园，已建成投产的企业有无锡汉和、广州极飞、河南酷农、深圳飞客、广东飞翔达、河南华生等，已经签约的企业有珠海星宇、珠海银通、珠海世飞联、深圳常锋、大疆创新、江苏大成等，安阳全丰、杭州农飞客、辽宁壮龙、北京飞瑞等13家无人机企业正在洽谈中。

另外，通航大厦、北京金都上街服务基地、河南大地维修基地、中部人工影响天气等项目进展顺利。

（二）航空人才教育培训

安阳市从20世纪90年代初开始，就开展了民用航空器驾驶员飞行培训，具有固定翼私照、直升机私照、商照培训资质，已先后为国内外培养飞行员2000余人。为快速、高效培养航空专业人才，安阳工学院的本科飞行技术专业已被教育部和中国民航局正式批准设立，2012年实现首批招生，成为河南省第1家、全国第10家具备飞行员学历教育资质的院校。学生毕业后将在取得本科学历、学士学位的基础上，取得飞行员商照。

六、对外贸易与合作

成功举办2017年郑州航展，共接待观众近30万人次，参展飞机158架，参展商176家；累计飞行表演时间298小时，起降833架次；签约项目32个，签约金额280亿元。

（河南省工业和信息化委员会）

湖 北 省

一、本地区基本情况

截至2017年底，湖北省民用航空工业企事业单位共计32家，涵盖特种飞行器、通用飞机、无人机、航空仪表、飞机座椅、复合材料、飞机维修等领域，其中，主机（含干线飞机、支线飞机、通用飞机）9家，配套12家，维修4家，无人机7家。形成产能的航空工业企业有26家，规模以上5家，重点布局在特种飞行器、航空救生装备产品研发制造和总体航空维修。

二、生产经营情况

2017年，湖北省民用航空工业企事业单位实现工业总产值108.25亿元，完成工业增加值37.88亿元，实现利润6.26亿元。

三、主要产品

（一）民用飞机

A2C系列超轻型水上飞机、卓尔“领航者”Skyleader 600单发双座飞机、“海王”水陆两栖轻型运动飞机、“金雕”系列超视距无人飞艇，多旋翼、固定翼、直升机等系列无人机，包括易瓦特EWZ-S8型八旋翼无人机、易瓦特EWG-E2型固定翼无人机、易瓦特EWZ-110油动变距多旋翼无人机、无人机地面站等。

（二）航空设备及系统

高功率起动发电系统、航空电动机系列、发电机及发电机组系列、以涡轮膨胀机与换热器为核心的环控系统系列、直升机加油及抛放装置、电动遥控无杆飞机牵引车、新型塔台综合管理台、LED静态助降灯光设备，无人机通信指挥车、机载设备、辅助设备。

（三）民用飞机零部件制造

起落架零件、舱门零件、干燥器组件、压力平衡阀、卡箍标准件的研制，发动机支架组成、飞行员及乘客座椅组成、飞控系统、机身结构件及钣金件等，C919防冰伸缩管、C919风门组件机载产品，包括攻角传感器、轮胎压力表、结冰探测器、压力信号器、温度传感器、结冰告警装置、结冰探头、压力传感器、微型气压表、滑油温度传感器、结冰速率解答器、角位移传感器等，系列拉杆、制冷冲压风门、应急冲压风门等，用新型材料芳纶蜂窝制造的整流罩、机翼前缘、襟翼、方向舵、尾锥、地板、座椅等。

（四）其他民用航空产品

个体防护救生装备，应急救生装置，弹射动力装置，降落伞，航空运动产品，腐蚀防护产品，航空装饰件，精密测绘仪器，FR系列栓式机场地面加油设备，包括成套的地井、地井阀、软管接头和飞机压力加油接嘴等系列产品。

（五）航空维修及服务

省内相关企业开展了波音、空客、庞巴迪、巴西航等多个公司的现役民用飞机机型及其部附件（不含发动机）的维修和服务，如MA60、EMB145、波音737NG、空客A320等飞机机体维修及整机喷漆业务，机载设备维修，波音737NG/CL、波音757、波音777、空客A320系列、A330等机型提供场内一站式大修服务。航空液压和电子电器产品如助力器、PRESENT TITLE舵机、电液伺服阀、涡轮冷却器、散热器、水分离器和各种开关、阀门的维修和零备件生产保障。液压、气动、燃油、飞行操纵、机载应急设备、起落架、机轮/刹车、仪表、发电机、电气和发动机等附件维修。厨房设备、救生附件和座舱附件的修理。

2017年，凌云科技集团有限责任公司与深圳航空、成都航空、东航上海、天津航空、奥凯航空、吉祥航空、澜湄航空、海南航空等达成了波音737NG、空客A320共近50架次维修合作意向。

（六）相关产业的产品及服务

培训服务种类齐全，包括铝合金结构修理、机身门窗修理、防腐处理、复合材料修理、喷漆等航空部件修理培训，无人机飞行及培训服务。

四、产品开发与技术进步

中国特种飞行器研究所的 AG600 大型灭火/水上救援水陆两栖飞机于 2017 年实现陆上首飞，AG50 轻型运动飞机、LF910 地效飞机、3500 米^3 载人飞艇、SZ300 载人观光系留气球等项目进展顺利。2017 年 8 月 18 日，泊鹭通航产业有限公司研制的“海王”水陆两栖轻型运动飞机在荆门基地下线。2017 年 11 月 2 日，卓尔航空工业（武汉）公司制造的首架 Skyleader 600 飞机（单发双座）正式下线，并完成了卓尔首款四轴涵道风扇工业级无人机的研发，正在定型投产。

凌云科技集团有限责任公司先后获得中国民航局（CAAC）颁发的空客 4C、波音 8C、喷漆和美国联邦航空管理局（FAA）颁发的波音 737NG 维修许可证。公司航电车间修理能力、无损检测（NDT）探伤能力、复合材料修理能力等配套能力建设先后完成。客改货能力建设于 2017 年 5 月，进入现场（OJT）阶段，积极协调推动以色列航宇工业公司（IAI）提供波音 737NG 客改货相关支持。

武汉航达航空科技发展有限公司承担的宽体飞机电环控系统、大功率发电机等预研项目正式立项，公司已取得各类专利项目 30 项。与南京航空航天大学进行合作，开展民用大功率航空起动发电系统的高新技术产品研制，其中包括大功率交流起动发电系统电磁设计、发热冷却设计、结构强度设计、系统测试与试验等。

湖北超卓航空技术有限公司以航空液压和电子电器产品为主导，全面提高维修和零备件生产保障能力，2017 获批专用拉马组件和飞机旋转作动筒 2 项专利。

湖北易瓦特科技有限公司加大对产品研发投入，截至 2017 年 12 月，公司已累计申报了与无人机相关的各类专利 700 项，包括完成了全新研制的 EWZ－S8 八旋翼无人机系统。

五、对外贸易与合作

中以合资的贝迪克凌云（宜昌）飞机维修工程公司已建成营运。2017 年 5 月，卓尔公司完成了对捷克领航者、捷克拉托夫模拟机、捷克伊赫拉瓦飞机制造厂等 3 家企业的收购，占股 70%。荆州市江汉众力实业有限公司与美国赛斯纳飞机制造公司（隶属于德事隆航空）开展长期合作。

六、重大基础设施建设

（一）中国特种飞行器研发中心建设项目

中国特种飞行器研发中心建设项目总投资额约 11.1 亿元，占地约 60 亩。该项目建成后主要从事军民用水面飞行器和浮空飞行器的研发。2017 年，项目进展顺利，研发中心工程的试桩及基坑支护桩施工已经完成，地下工程施工基本完成，基本达到结构正负零，航空主题馆结构施工完成 60% 以上工程量。

（二）荆门爱飞客镇项目

漳河大道、爱飞客大道、停车场、文化展示中心、飞行体验中心、跳伞基地、房车露营基地等建成投入使用。“飞行家”等 10 家企业落户荆门，成功签约龙浩航空、华信航空产业园等 9 个项目，泊鹭“海王”飞机、晨龙“天使”飞机、华伍无人机等项目进展顺利。荆门漳河机场改扩建项目总投资 4.83 亿元，建设内容主要包括新建陆上跑道、停机坪、联络道、航管楼、塔台等，可以保障 AG600 飞机试飞、取证工作的顺利开展，同时也可为其他飞行器型号的试验试飞工作提供有利条件，项目进展顺利，改造漳河机场 800 米 × 30 米老跑道已经完成，新建成 1800 米 × 45 米跑道和 3000 米 × 200 米水上跑道。

（三）顺丰国际物流核心枢纽项目

2017 年 12 月 13 日，湖北省人民政府与深圳顺丰泰森控股（集团）有限公司签订《关于湖北国际物流核心枢纽项目合作协议》，将充分发挥各自优势，按照合作共建、互惠共赢的原则，共同推进湖北国际物流核心枢纽项目建设。

（四）武汉开发区（汉南）通用航空项目

机场一期已经建设完成，并成功举办 2017

世界飞行者大会（WFE）。已经引入武汉爱飞客、亦飞行（北京）公司等航空企业。

（五）三峡临空经济区建设项目

2017 年 6 月 18 日，湖北省政府正式批复《三峡临空经济区总体方案》。各项工作进展顺利，中以合资的贝迪克凌云（宜昌）飞机维修工程公司等企业已建成营运，海航通航产业园、海航生态城、凌云飞机喷涂等一批项目正加快建设。

（六）武汉卓尔通用航空产业园项目

该公司在武汉市黄陂区川龙大道建设新的产业园，办公大楼已经于 2017 年上半年投入使用。

（七）易瓦特无人机产业园项目

该项目集研发、生产、检测、维修、销售、服务与培训为一体，是国内规模最大的以无人机为主导产品的研发生产基地之一。武汉市蔡甸区福邦路总用地面积 82.4 亩（5.5 万米^2），总投资 1.6 亿元，2017 年第一期项目（约 3 万米^2）已经竣工，第二期正在建设中。

（八）武汉航达航空科技产业园项目

2017 年 5 月航达航空科技产业园项目正式开工，项目占地 196 亩，总投资 18 亿元，拟新建工艺技术综合楼、机加、起落架、通航发动机大修、热表处理等车间，总建筑面积 18.859 万米^2；购置安装发动机测试台、坐标磨机床等生产及检测设备 1800 台。

七、行业管理主要工作

（一）推进航空重大项目建设

推进顺丰机场、荆门爱飞客、汉南通航产业园、三峡临空经济区等重大项目建设，推进低空空域综合服务保障系统研发应用，推进国家民用飞机科研专项组织实施。

（二）促进行业互动协作

组织省内主机与配套、军机与民机企业开展项目合作，组织省内 8 家航空配套企业参与 AG600 飞机科研生产配套。

（三）规范和促进无人机行业发展

2017 年 6 月，对湖北省无人机生产企业和产品信息统计摸底。11—12 月，对湖北省华伍航空、洛克希德等 7 家无人机企业进行了调研，宣传国家和省有关政策，重点是《湖北省无人驾驶航空器专项整治联防联控工作实施方案》的有关要求，协调解决企业发展中存在的问题。

（四）开展一系列的调研活动

每半年，对湖北省航空工业运行情况进行统计，及时掌握企业有关情况，为企业提供服务。完成《湖北省航空装备制造业培育研究》的课题调研，为下一步行业发展工作理清思路。

（湖北省人民政府国防科技工业办公室）

湖　南　省

一、本地区基本情况

湖南省现有航空相关企事业单位109家，其中，纳入本次统计的规模以上工业企业20家，从业人员2万余人，已建成15家国家级、省级工程技术研究中心和22家国家级、省级重点实验室，全行业累计获专利授权4097件，其中，发明专利1193件。湖南已初步构建了以株洲、长沙为重点，岳阳、郴州、湘潭、娄底、常德为支撑的产业发展格局，建成了株洲航空城，长沙航空器起降系统、航空综合维修保障园区，岳阳浮空器、航空关键零部件生产园区，郴州通航运营服务文化园区等一批优秀的军民融合型航空科研生产园区和通航产业园区。

二、生产经营情况

“十二五”以来，湖南省航空工业年产值增长达20%以上，保持了稳步增长的势头。2017年，全省109家涉航企事业单位实现营业收入245亿元、工业增加值136亿元、利润17.3亿元，同比分别增长26.9%、29.1%和31.3%，产业发展的质量效益不断提升。

三、主要产品

湖南省航空工业已初步形成了从航空分系统、关键零部件、关键基础材料到航空器整机制造、航空综合服务保障等产业链条较为完整的民用航空产品体系，主要产品有以下几种。

（一）通用飞机

1. 通航整机

“阿若拉”SA60L两座轻型飞机、“阿若拉”SA60L-T两座高原型轻型运动飞机、SA160 5座轻型飞机、“小燕”100双人联座自旋翼机、“小燕”200并排双座自旋翼机、STB582水陆两用飞行船、STB912水陆两用飞行船、ST582通用动力三角翼、ST912通用动力三角翼等。

2. 浮空器

军民两用快速部署微型系留艇、“远望”1号小型车载机动系留艇、JL-12K大型阵地系留艇、JZ-22小型自控飞艇、JZ-40双椭球自控飞艇、FK-14K单囊体临近空间浮空器等。

3. 无人机

“飞虎”无人直升机、“绿卫”系列多旋翼植保无人机、“雷霆”系列多旋翼军警用航拍无人机、3WX系列、3ZD系列多旋翼遥控飞行植保机、“天翔”-0301型高原全电无人机、“天翔”-0303手掷型电动无人机、电力巡查无人机、森林巡查无人机、消防无人机、环境检测无人机等。

（二）航空发动机

1. 涡轴发动机

涡轴8A发动机、涡轴8D发动机、涡轴16发动机。

2. 涡桨发动机

涡桨6发动机、涡桨9发动机。

3. 活塞发动机

活塞6A发动机，活塞9发动机。

（三）航空设备与系统

1. 飞机起落架与机轮刹车系统

C919大型客机、ARJ21支线飞机、MA60飞机、MA700飞机、AG600飞机等各型飞机起落架与机轮刹车系统。

2. 直升机传动系统

AC352直升机尾传动系统、加拿大北星公司CF34发动机附件传动齿轮、空客直升机公司EC175尾传动系统等。

3. 航电系统

航空发动机电子控制器、航空发动机在线油液磨粒监测传感器、高端微波通信天线、Ka/Ku机载双频动中通天线、北斗卫星导航机载终端、平显数字像源、高性能图形图像处理模块、航空嵌入式计算机、航空液晶显示终端等。

4．航空零部件

激光陀螺和激光陀螺仪，飞机液压恒速装置壳体，飞机翼尖短舱装配架，民用航空用液弹阻尼器、黏弹阻尼器，弹性轴承杆端，O形、E形、C形、W形金属密封环形件等。

5．航空软件

航空发动机电子控制器控制软件、航空发动机电子控制器监控软件、无人机航拍测绘系统、故障预测与辅助维修软件、DIASS故障诊断支持平台、飞行器任务规划系统、飞行器维修云平台、机载智能监控系统、生产过程质量数据分析与控制软件开发与集成（SPC）等。

（四）其他民用航空产品

1．航空材料

高性能含铍碳化硅纤维，高强耐温吸波泡沫材料、聚甲基丙烯酰亚胺（PMI）泡沫，导热绝缘材料，碳基、陶瓷基复合材料，超高温难熔金属材料，高性能细晶钨基复合材料，PA46高强度碳纤维增强尼龙，碳纤维增强耐磨PEEK，增强耐磨聚酯，高强耐热镁合金，超强耐蚀铝合金，TC18、TC4钛合金棒料、锻件等。

2．航空生产加工设备

复合材料智能化成型装备，精密真空热处理装备，碳及碳化硅材料热工装备，金属、高分子3D打印装备等。

3．航空试验检测设备

机载氧气系统气密性试验车、燃油系统气密性及机翼气密性试验车、静动压系统试验器、轮胎拆装器、飞行器测控系统测试设备等。

（五）相关产业的产品及服务

1．燃气轮机

QDR20型热电联供机组、1兆瓦级热电联供地面燃气轮机、QY40增压机组、QDR70型燃机机组等。

2．地面服务设施

X波段阵列天气雷达、直升机停机坪建设用铝合金甲板、高架直升机场安全网、手自动一体可放倒式高架直升机停机坪护栏、目视助航灯光系统等。

四、产品开发与技术进步

（一）航空整机

2017年，湖南山河科技股份有限公司研制的“阿若拉”SA60L－T高原型轻型运动飞机获中国民航局TC适航认证，填补了我国高原固定翼轻型飞机领域空白；湖南湘晨飞机工业有限公司完成“小燕”100双人联座自旋翼机研制，正加快推进适航取证工作。

（二）航空发动机

2017年，中国航发湖南动力机械研究所、中国航发南方工业有限公司研制的涡桨6发动机助力AG600飞机成功首飞，牵头承担的两型重大型号项目研制进展顺利；中国航发湖南动力机械研究所研发的涡轴16发动机加快推进适航取证工作；中国航发长江动力有限公司研制的金属封严环、华自科技股份有限公司研制的发动机叶尖间隙在线监测系统助力CJ－1000AX首台整机试制、装配。

（三）航空设备与系统

2017年，中航飞机起落架有限责任公司、湖南博云新材料股份有限公司、长沙鑫航机轮刹车有限公司、湖南航天环宇通信科技有限责任公司等单位研制的起落架与机轮刹车系统、碳纤维复合材料成型设备助力C919、AG600飞机成功首飞；湖南华曙高科技有限责任公司与中国商飞上海飞机设计研究院开展高性能聚合物零部件增材制造技术在民用飞机领域的应用示范合作，拟率先实现装机应用。

（四）其他民用航空产品

湖南宜通华盛科技有限公司研制的“X波段阵列天气雷达”提出相控阵天气雷达协同组网扫描探测；湖南金天钛业科技有限公司研制的商发发动机盘及相关转动件用TA19钛合金棒材已提交首批次材料，正开展锻件验证。

五、对外贸易与合作

通过借助产能优势、成本优势积极与国外优秀制造商发展国际转包业务和技术合作，推动全省航空产业向产业链条上下游拓展。中国航发南方工业有限公司与加拿大普惠、法国透博梅卡和美国莱康明达成合作意向，进军发动机维修行业；中航飞机起落架有限责任公司与梅西埃·道蒂、古德里奇等合作生产起落架结构件，与利勃海尔联合承担国产大型客机起落架系统研制任务；中国航发中南传动机械厂为美国GE、加拿大北星、伊朗航空生产齿轮产品；山河科技成功并购加拿大AVMAX公司，并与美国三角鹰公司合作开发通用飞机发动机。

六、行业管理主要工作

（一）加强组织领导

湖南省委省政府高度重视航空产业发展，将航空产业纳入制造强省建设12大重点领域和重点支持的20个新兴优势产业链。湖南省政府专门成立了由常务副省长任组长、分管副省长任副组长，23个省直相关部门、市州政府为成员的省航空产业发展领导小组，负责统筹协调航空产业发展重大事项，领导小组办公室设省经信委，具体负责湖南省军民用航空工业行业管理，各相关市州也建立了相应的领导协调机制或明确了职能部门，进一步加强了对全省航空工业组织领导。同时，整合省经信委军用、民用航空工业管理部门的职能，强化了统筹管理和对外统一协调。

（二）强化政策引领

为加大对航空产业引导和扶持，湖南省先后发布了《通用航空产业发展规划（2013—2020年）》《关于促进通用航空业发展的实施意见》《航空航天装备产业五年行动计划（2016—2020年）》《航空航天新兴优势产业链行动计划》等文件。特别是2016年出台的《加快航空制造业发展的若干政策措施》，在国内率先提出了对航空器和发动机整机适航取证给予最高1000万元支持、获得军工固定资产投资项目的自筹部分给予最高20%配套、研究成果获得国家或部委奖励给予1:1配套等支持举措，加大对航空产业的支持力度。同时，自2017年起，湖南省军民融合产业发展专项资金预算从8000万元增加到1.5亿元，其中增量5000万元专项用于支持航空制造业发展，两年来已累计安排专项资金1亿元支持了70个航空制造业项目，带动投资30.7亿元。

（三）深化对接合作

近年来，湖南省政府先后与国家国防科工局、中国航空工业集团有限公司、中国航空发动机集团有限公司、中国商飞等部委和央企集团签订战略合作协议，进一步深化省部、省企间战略合作。2017年12月，湖南省与中国商飞联合举办了“走进中国商用飞机有限责任公司”产业合作专项对接会，会上签订了8个产业合作项目，涉及国产大型客机辅助动力装置（APU）、起落架系统、机轮刹车系统、增材制造、工艺装备、复合材料等合作领域，为推进国产大型客机研制本土化贡献更多湖南元素、湖南智慧。

（四）加强行业监管

为进一步加强对全省航空制造业协调和监管，湖南省充分发挥管理职能，与省政府办公厅、发改委、商务厅、民航局等部门和有关地市密切沟通、加强衔接，建立有效协调机制，共同推动航空工业有序、健康发展。同时，按照工业和信息化部统一部署和要求，组织对全省16家民用无人驾驶航空器生产企业的56款无人机产品信息进行了全面摸底，下发了《关于加强无人驾驶航空器生产企业及产品管理工作的通知》（湘经信军工发计［2017］693号），从制度、措施等方面积极探索完善无人驾驶航空器生产管理体系。

（五）强化协调服务

为进一步加强对全省航空工业的管理与服务，湖南省经济和信息化委员会建立了全省航空工业“三库一制度”，即涉航企事业单位名录库、重点项目库、专家库和定期调度制度，加强对湖南省航空产业的调度协调，帮助企业协调解决土地调规、征地、环评、棚户区改造、银行贷款、军品退税等各类突出困难问题数十个，减免税费近10亿元，湖南省航空产业发展的外部环境得到进一步优化。

（湖南省经济和信息化委员会）

广　东　省

一、本地区基本情况

广州拥有广州飞机维修工程有限公司、广州新科宇航科技有限公司、广州航新航空科技股份有限公司等一批民用航空工业企业，从业人员人数逾 6400 人，拥有 1 家省级企业技术中心。

珠海市航空产业以航空产业园为主要载体，航空产业园先后获国家发改委、工业和信息化部、中国民航局批复成为“航空产业国家高技术产业基地”“国家新型工业化产业示范基地”和“国家通用航空固定运营基地发展示范区”，主要发展方向包括通用飞机制造、无人机制造、航空发动机、卫星芯片等配套产品制造，同步发展航空标准件检测、交易和通航服务业，通用航空及公务机运营，航空发动机维修，通航零部件和航材销售配送，航空航天博览娱乐，航空科研教育，配套航空产品制造、保税仓储物流等。

深圳市航空工业以航空电子、无人机、航空装备及维修类、航空先进材料及精密制造四大领域为主。在无人机整机领域，生产企业数量（含无人机紧密零部件提供商）超过 300 家，消费级无人机占据全球市场 70% 以上，工业级无人机占有国内 60% 市场。

二、生产经营情况

珠海市航空产业 2017 年工业总产值超过 70 亿元。深圳市航空工业 2017 年产值接近 500 亿元，利润近 60 亿元，其中无人机近三年利润率均保持在 20% 左右，2017 年无人机销售收入近 200 亿元，其中，2017 年深圳市大疆创新科技有限公司主营业务收入已达 175 亿元。

三、主要产品

在研发制造方面，珠海已形成中航通用飞机有限责任公司为龙头的通用飞机产业基地，建成西锐 SR20/22 轻型飞机复装生产线。AG600 大型灭火/救援水陆两栖飞机于 2017 年 12 月 24 日成功首飞。以德国摩天宇公司为航空维修龙头，建设航空发动机维修基地。另外，还有珠海纳睿达科技有限公司的智能化相控阵雷达、欧比特“珠海一号”卫星星座、星宇航空先进无人侦察机，以及珠海佰家科技有限公司无人机。

在航空物流方面，深圳中集天达空港设备有限公司已发展成为所在业务领域的领先者，已为全球 80 多个国家的 200 多个机场提供了 4000 多台品质优良的登机桥产品及众多航空货物处理系统设备，登机桥国内市场占有率达 90% 以上。

在无人机及其他产品方面，拥有以大疆公司系列无人机、星宇航空先进无人侦察机、佰家科技无人机以及纳睿达公司智能化相控阵雷达、欧比特“珠海一号”卫星星座为代表的国内一流先进产品。

四、重大基础设施建设

依托广州白云机场及广州空港经济区，规划建立广州北部通用航空产业核心区，重点开展商务航空运营业务、公务机维修业务、航材贸易、商务航空会展等，积极培育公务机发动机、航电设备等关键零部件制造，最终打造成为我国商务航空营运枢纽、华南地区商务航空维修中心。

五、行业管理主要工作

广东省民用航空工业主要分布在珠海、广州和深圳等市，近年来，省市相继出台支持民用航空工业发展的政策文件。

广州市出台了《广州市人民政府办公厅关于进一步加快民航业发展的实施意见》

（穗府办〔2015〕45号）、《广州市通用航空发展规划（2016—2030年）》等文件，依托广州空港经济区、广州开发区、南沙、增城开发区，大力发展以航空枢纽和航空运输为依托的高新技术产业和现代服务业，重点发展电子信息、飞机维修与制造、飞机租赁等业态，引导产业集群发展。通过引进航空维修企业，引导上下游企业集聚，形成全系列产品维修能力，打造国家级航空器和零部件维修产业基地。

深圳市出台《深圳市航空航天产业发展规划（2013—2020年）》，瞄准国际航空航天产业发展前沿与趋势，结合深圳现有产业基础与优势资源，优先发展航空电子、无人机、卫星导航、航空航天材料、精密制造装备等5个产业领域。并筹建航空航天产业专家委员会，为产业发展提供咨询和技术支持。

珠海市研究制定了《珠海市加快通用航空产业发展工作方案》，于2017年10月经市政府常务会议审定通过。

（广东省经济和信息化委员会）

广西壮族自治区

一、本地区基本情况

截至 2017 年底，广西民用航空工业企业主要有桂林航龙科讯电子技术有限公司（简称科讯电子公司）和广西思维驰飞农业智能机械有限公司等 2 家企业。此外，广西南南铝加工有限公司（简称南南铝加工公司）具备航空用宽幅铝合金板材、高强高韧耐腐蚀航空铝合金大规格厚板、航空用高性能铝合金铸锭、航天用超大规格铝合金锻坯等航空类产品的生产能力，南南铝加工公司拥有波音、空客适航认证的美国公司航空铸锭生产系统，引进了德国公司制造的具有波音、空客适航认证生产的热粗轧机和热精轧机，组建了广西航空航天铝合金材料与加工研究院，其技术中心于 2014 年被认定为广西自治区级企业技术中心。

二、生产经营情况

2017 年，广西民用航空工业产值约为 1200 万元。桂林航龙科讯电子技术有限公司致力于无人飞行器的研发、生产和销售。科讯电子公司的主要产品有“龙雁”LY－3200 油电混合动力固定翼垂直起降无人机、“龙雁”高精度航拍无人机系统、“龙蜂”小型无人机系统等。

三、主要产品

桂林航龙科讯电子技术有限公司主要产品是 LY－3200，采用多轴旋翼与固定翼结合、油动力与电动力互补技术，突破性地解决了固定翼无人机受跑道、环境、操控人员技术要求高的条件限制，实现了固定翼无人机依靠动力电池垂直起飞、悬停到油动力固定翼快速飞行及返航悬停、垂直降落的全部功能。该机也是一种多用途飞行器，根据其任务载荷主要应用于精准农业、森林防火、航空遥感、电力巡线、石油管道巡检、安防监察等无人机服务，为相关行业提供配套的无人机解决方案。

广西思维驰飞农业智能机械有限公司是广西田园生化股份有限公司为农用无人机业务成立的子公司，定位于农用无人机的研发、生产和销售，先后与多家航空、农业科研机构合作，成功开发出 3 款电动旋翼植保无人机，应用于水稻、甘蔗、果树等多种作物的植保作业，累计作业面积超过 300 万亩次。2017 年公司实现销售收入 1500 余万元。

四、产品开发与技术进步

桂林航龙科讯电子有限公司积极开展产学研合作，先后与北京航空航天大学、桂林电子科技大学、广西师范大学、桂林理工大学、桂林航天工业学院等单位联合攻关。2015 年 8 月，桂林航龙科讯电子有限公司“一种油电混合动力固定翼垂直起降无人机”获得国家发明专利，并运用该项专利技术研发了 LY－3200 固定翼垂直起降无人机。

（广西壮族自治区工业和信息化委员会）

重　庆　市

一、本地区基本情况

2017年，重庆市通用航空产业发展取得明显进步。重庆市民用航空工业企业主要包括重庆通用航空产业集团有限公司（下辖全资子公司有重庆通用航空有限公司、美国恩斯特龙直升机公司、重庆通用飞机工业有限公司；控股子公司有飞行学院重庆通用航空培训有限公司、重庆通用航空产业集团机场有限公司、重庆通用航空产业集团航电系统有限公司）、重庆天骄航空动力有限公司、阿莫森航空安全器材（重庆）有限公司、重庆金世利钛业有限公司、重庆翼动科技有限公司、重庆华科尔无人机技术有限公司、重庆市亿飞智联科技有限公司、重庆宗申航空发动机制造有限公司、隆鑫通用动力股份有限公司、重庆钢铁研究所有限公司、西南铝业（集团）有限公司等17家企业。

重庆通用航空产业集团有限公司签订恩斯特龙直升机订单43架，并交付6架。重庆通用飞机工业有限公司获得了恩斯特龙480B直升机生产许可证书（PC），并积极推动国产化。此外，公司还引进航空产业国家千人计划等高端人才近20名，已建和在建的航空专业高等院校、科研院所、专业技术学校10多家；重庆通用航空产业集团有限公司注册成立的重庆恩斯特龙通用航空技术研究院，被认定为重庆市新型高端研发机构。

二、生产经营情况

2017年，重庆市民用航空工业企业主要从事直升机、固定翼飞机、无人机研发制造，以及航空动力、航空安全带、航空钛合金、航空钢材、航空铝材等配套产品生产，2017年全年实现经济规模约6亿元。

三、主要产品

（一）民用飞机

1．直升机

重庆通用航空产业集团有限公司已建成恩斯特龙280FX、480B的总装生产线。

2．固定翼飞机

重庆通用航空产业集团有限公司的CG231型飞机。

3．无人机

包括“华科尔”系列航拍无人机、竞技无人机，翼动科技“ET－1”型民用工业级无人机等。

（二）航电设备

完成低空保障服务系统的自研原型系统，重庆低空飞行服务系统建设取得突破性进展，投入试运行，获得了飞行计划申报服务资质。

（三）航空配套产品

宗申动力TD0大排量活塞式航空发动机，西南铝业铝合金厚板、11米超大规格航空用高级铝板、第三代新型铝锂合金，重钢研究所航空用管材、棒材，阿莫森航空安全产品、重庆金世利航空钛合金材料等。

（四）航空维修改装及服务

重庆通用航空集团有限公司取得CCAR－147部维修培训机构合格证，已是恩斯特龙、贝尔直升机、罗罗发动机M250系列授权的服务中心。

（重庆市经济和信息化委员会）

四 川 省

一、本地区基本情况

截至2017年底，四川省从事航空及相关领域的企事业单位超120家，主要由中国航空工业集团有限公司、中国航空发动机集团有限公司、中国电子科技集团公司在川企事业单位，以及地方军工电子企业、部队企业、民品配套单位构成，从业人数近10万人。已建成国家级重点实验室2个，国防科技工业重点学科实验室1个，国防科技工业先进技术研究应用中心2个，国家级企业技术中心8个，创造性打造军民融合航空整机产业基地、军民融合航空发动机产业基地。

二、生产经营情况

2017年，四川省规模以上的航空工业企事业单位（含央属企业、地方军工电子和民品配套单位）实现工业总产值352.11亿元，同比增长9.2%，其中民用航空工业实现主营业务收入174.26亿元，同比增长6.3%。

三、主要产品

（一）民用飞机

主要发展轻型飞机、警用无人机、植保无人机、多功能无人机、靶机等产品。具体参与C919、ARJ21、公务机G280、CR929、AG600等项目，以及MA60、MA700、AC312、“海鸥”300、“小鹰”500、波音747－8等飞机配套。

无人机方面，主要发展TFB无人机、TTFB无人机、固定翼垂直起降无人机等。其中，TFB无人机是一种低成本高速无人机，机身全部采用新型复合材料，动力使用涡喷发动机；TFU型无人机是一种小型多用途无人机，采用弹射+伞降的发射回收方式，不受场地限制；CW－30“大鹏”系列固定翼垂直起降无人机采用固定翼结合四旋翼的复合翼布局形式，解决了固定翼无人机垂直起降的难题。

（二）航空发动机

主要发展航空发动机及关键零部件的研发制造和国外转包生产，主要产品有核心机、机匣、叶片、大型涡扇发动机、中小推力发动机以及转速测量传感器、转速指示器、压力指示器、油路机械密封件、滑油污染检测器等部件。正在开展600千瓦级单发、1600千瓦级双/三发应用双通道航空动力控制系统，4000千克力推力级民用大涵道比涡扇发动机等重点航空发动机研制开发。

（三）航空电子系统及设备

在航电系统方面，主要发展飞机模拟系统、客舱娱乐系统、机载通信导航系统、空管监视系统、综合化航电系统等。在空管监视系统领域，主要发展空管地面二次监视雷达、机载空管应答机、新航行ADS－B监视系统等航空监视设备，语音通信控制系统、甚高频通信电台等航空通信设备，DME测距仪、DVOR信标台等航空导航设备；在航空信息化系统领域，有飞行指挥车、通用航空飞行服务站等多种产品；在航空电子仪表产品领域，有转速测量指示、超转指示告警、单针多针机械指示器、数字式单针多针指示器及综合指示器、滑油压力温度测量指示器、滑油污染告警器等多种仪表设备，整个航电领域突破多项系统关键技术。

（四）航空维修、改装及服务

主要发展大型客机、运输机、直升机、通用飞机的整机维修；发展航空发动机及附件、机载航空设备、飞机液压系统、燃油系统检测设备的设计制造、产品维修、技术咨询服务等；围绕军用、民用和通用航空发展空管系统、航空物流系统、民航信息管理系统、机场弱电系统、航空安全管理系统等配套系统和设备的管理维护。完成ARJ21－700民用支线客机、SL600轻型运动飞机等整机维修改装，完成

AC312C/E、CJ－1000AX 等发动机维修配套服务。

四、产品开发与技术进步

在 C919、ARJ21、G280、CR929 等民航重点型号上均有突破，飞机机头柔性装配系统、固定式压铆机、大型自动钻铆机及数控托架系统、激光跟踪仪、三坐标柔性测量臂、激光跟踪仪、激光雷达等飞机数字化制造和柔性装配关键设备为飞机机头类、机身类、翼面类多种型号产品研制提供了充分的科研保障；掌握大型壁板类组件数字化柔性装配技术、国产 AG600 机头研制关键技术、民用飞机结构部件关键制造技术、C919 客机机头数字化先进测量技术等，新申请专利近百项。

在无人机方面，研制小型化通航/无人飞机 TCAS 系统，该系统具有精度高、体积小、功耗低、成本低的特点，实现国产化替代进口。

在发动机方面，掌握了“整体叶盘振动光饰”技术，在“真空充氩高频感应钎焊技术”研究中，实现了叶片阻尼台耐磨层钎焊的自主生产；依托多年的滑油油路污染检测的经验，掌握微电流烧蚀技术，针对性消除引起发动机磨损的误告警，提高了发动机的维护和使用效率，并成功实现装机应用。

在航空材料及配件方面，承担了国家配套研制项目、关键材料攻关项目、重大专项、重点型号工程等多项科研任务，特别是 A100、AF1410 等产品转产 800MN 压机，突破了新型飞机超大尺寸 300M 锻件、超高强度钛合金锻件、重型直升机新型钛合金锻件技术，为新产品市场开发奠定了基础。

在航空材料及元器件方面，主要发展碳纤维航空复合材料、航空钛合金、含铼高温合金、功能涂层材料等，在飞机结构件、加强件、框、梁、磁性材料、密封件、易熔合金等特殊材料或器材等领域应用广泛。突破了新型飞机超大尺寸 300M 锻件、超高强度钛合金锻件、重型直升机新型钛合金锻件、第五代发动机锻件的技术攻关；完成 F 系列 TC18、TC21 自由锻件、部分模锻件，EZCB 系列、6D2T 系列 TA15 等锻件的工艺优化；开展了直升机用 Ti555211、Ti55531、M28、TC27、TB15 等新型钛合金工艺试验，7050、7055 铝合金锻造、热处理工艺试验；完成 GH4169、GH4169G、IN718、GH4698 等高温合金工艺试验；研制了飞机管路系统柔性连接器、HB4 管路件、刚性卡箍等产品的制造和试验能力，加快无铆座圈、开缝衬套等冷挤压产品的研制和高压管路系统。

五、对外贸易与合作

进一步深化国际合作，加强与美国公务航空协会（NBAA）以及波音、空客、达索、沃特、通用电气、西门子、科巴姆、霍尼韦尔、湾流、柯林斯等国外公司的技术交流，在引进直升机复合材料、航空发动机修理技术、直升机修理线、直升机传动与升力系统（含主减速器、旋翼）修理线、燃油调节器修理技术和热端部件磨损、裂纹等故障深度修理技术等方面积极与国外通用航空企业合作，并积极参与国际培训和交流等。

六、重大基础设施建设

（一）航空整机基地建设

着力打造以成都飞机工业（集团）有限责任公司为龙头的四川军民融合航空整机产业基地，支撑客机机头、高端出口型无人机、民机转包任务的不断扩大，为后期有选择地发展重点民品、探索发展新业务建立基础。基地建设地址位于成都市青羊区，新征土地 364 亩，建筑占地面积约 327 亩，总投资 31.5 亿元。

（二）航空发动机基地建设

着力打造以中国航发四川燃气涡轮研究院为龙头的四川军民融合航空发动机产业基地，项目建设地址位于绵阳市小枧镇、成都市新都区，计划总投资 300 亿元，占地面积 1500 亩。

（三）园区及机场建设

一是着力打造自贡航空产业园区，总体规划面积为 85.2 千米^2，预计投资 100 亿元；二是打造无人机产业园，该园区位于绵阳科技城（北川）通用航空产业园，总投资 3 亿元，主要建设无人机研发、生产的标准厂房、孵化、企业办公及集中服务区 10 万米^2，已基本完工；三是推进建成自贡凤鸣通用机场，并于 2017 年 12 月 26 日颁证启用，为 A1 类通用机场，获批开通至绵阳、新津、广汉和遂宁 4 条航线。

七、行业管理主要工作

（一）统筹引领，推动主要规划落实

积极推动落实《四川省航空产业发展规划》《四川省“十三五”军民融合发展规划》等省级顶层规划，协助推进《成都市航空产业发展规划》《绵阳科技城“十三五”发展规划》等地方发展规划，紧抓重点领域，着力保障公务机研发制造工程、无人机系列化发展工程、特种通用飞机产业化发展工程、航空发动机产业化发展工程、通用航空应用示范工程等重点工程，加强保障措施，打造四川民用航空产业新格局。

（二）先行先试，进一步深化军民融合

深入落实国家军民融合发展战略，提升军民两用航空工业核心能力。大力推进军地资源开放共享和军民两用技术相互转化，依托军工技术发展民用航空产业，支持地方企业参与军用航空工业建设，逐步建立符合社会主义市场经济规律的军民融合式民用航空产业发展体系。

（三）抢抓机遇，大力推进低空空域协同管理试点

推进空域管理改革是党中央实施军民融合发展战略的重大举措，四川省发挥全面创新改革试验优势，于 2017 年底，获批全国首个低空空域协同管理试点，先行先试，一手促发展，一手保安全。建立健全军民融合协同运行管理机构，创建“空地一体、军地联动”联合监管的新模式和长效协调机制，调整优化低空空域结构，盘活低空空域资源，构建安全高效、军民兼顾的低空空域协同管理和通用航空运行服务体系，引导激发市场需求，切实推动四川省通用航空产业高质量发展，促进经济结构转型升级。探索形成可复制推广的经验，为在全国实施低空空域管理改革提供新思路、探索新路径。

（四）狠抓项目，推进落实重大工程和计划

狠抓 C919、ARJ21、CR929、MA700 机头、AG600 等重大民机工程项目，参与保障 C919 首架机完成首飞；确保 ARJ21 项目提速生产，年交付 18 个机头等。着力落实大华通用飞机生产基地（项目总投资 10 亿元，占地 264 亩，建筑面积 5.2 万米^2，瀚宇航空与燃机零部件制造园区（项目投资 5 亿元，用地 150 亩，建设通用航空零部件生产线、引进建设燃气轮机及航空发动机叶片类零部件生产线、引进建设航空发动机高温合金涡轮叶片生产线）等地方民用航空重大项目。

（五）加强保障，完善服务措施

加强对四川省民用航空产业发展各项工作的统筹领导，充分发挥财政资金引导作用，加强地方资金配套和支持力度，进一步加大对省内民用航空产业及企业的财政资金支持。在重大项目协调保障方面，实行“绿色通道”，强化协调服务和监督管理，增强条件保障工作前瞻性，做好衔接，加强配合，特事特办，急事急办，积极为民用航空产业发展提供良好的地方条件保障。

（四川省国防科学技术工业办公室）

贵　州　省

一、本地区基本情况

截至2017年底，贵州省参与民用航空生产及配套的企业有34家。其中，隶属于中国航空工业集团有限公司的17家，隶属于中国航天科工集团第十研究院的2家，隶属于中国振华电子集团有限公司的2家，中国航空发动机集团有限公司的4家，民营企业9家。

二、生产经营情况

2017年，贵州省民用航空工业实现产值47亿元（新增贵州黎阳国际制造有限公司统计数据4.5亿元），同比增长2.2%，其中，航空设备与系统实现产值36.9亿元，同比负增长2.1%，发动机实现产值10.1亿元，同比增长31.2%。

三、主要产品

民用飞机产品主要有“鹞鹰”系列民用无人机和农用植保无人机。

航空发动机主要以贵州黎阳航空发动机有限公司公司中小推力航空发动机生产为主，重点服务于高级教练机、高端无人机等。配套产品包括叶片、盘轴、机匣、喷口等航空发动机零部件，部分企业承担航空发动机修理工作。

航空设备及系统主要有燃油泵、柱塞泵、液压泵、燃油调节器、火箭发射器、柱塞马达、飞行员操纵装置、机轮、刹车系统、起落架、二次电源、环控设备、继电器、开关、接插件、波音737垂尾接头、电动机构、电磁阀等产品。中航力源液压股份有限公司先后为MA60、AG600两型飞机配套液压泵产品。

贵州省航空企业生产的航空标准件、精密轴承、铸造件和锻造件等产品为中国商飞和中国航发商发提供配套，另外，还有航空零部件转包生产。

四、产品开发与技术进步

2017年，以航空航天企业单位为主导80家单位组建了“贵州省新材料产业发展联盟”，确定将“高端装备用高温合金”“航空发动机单晶叶片”“钛合金产业”等3个细分高端材料的补链强链工作作为2017年度的重点突破口，编制了《关于大力推进贵州省高温合金材料补链强链的工作报告》《贵州省高端装备用高温合金关键技术开发及产业发展可行性研究报告》《贵州省航空发动机单晶叶片产业发展研究报告》。

五、对外贸易与合作

对外转包业务稳定规模扩大，近年来多家企业持续扩展国际市场，对外转包形成较为稳定的业务和规模，主要有：

航空锻件。重点企业有贵州安大航空锻造有限责任公司、贵州航宇科技股份有限公司，2017年，高温合金环锻件出口创汇超过2000万美元，其中，航宇科技公司已成为通用电气公司、罗罗公司、霍尼韦尔公司、赛峰公司合格供应商。2017年2月，贵州航宇科技股份有限公司与通用电气公司签订未来5年长期合作供货协议，成为Leap发动机锻件供应商。

发动机叶片。主要企业有贵州黎阳国际制造有限公司、赛峰飞机发动机（贵阳）有限公司，2017年，叶片出口超过8000万美元，其中，赛峰飞机发动机（贵阳）有限公司为外资控股企业，由原贵州斯奈克玛新艺叶片铸造有限公司更名。

六、重大基础设施建设

（一）安顺市加快建设全国通用航空产业示范区

根据《安顺民用航空产业国家高技术产业

基地发展规划》，安顺市累计投入近 50 亿元改善基地基础设施，并实施老工业基地搬迁改造工作。

（二）航空企业智能制造建设取得成果

贵州航宇科技发展股份有限公司高温合金加热炉温度智能监控集成控制系统建成投入使用，实现加热过程再现、可控、一致，难变形合金全过程锻造仿真模拟实验室建设；中航力源液压股份有限公司航空液压泵安装座自动化数字化生产单元投入使用，实现了数控机床与工业机器人、智能传感器与控制设备、智能检测、单元内智能物流等环节互联互通高度集成。万江航空机电有限公司基于军民融合新产品的生产及试验能力、厂房智能化提升工程开工建设，项目预计 2020 年竣工。

（三）完成重大项目选址

贵阳精铸公司年产发动机叶片 30 万片新项目选址落户贵安新区。贵阳发动机研究所拟在贵阳高新技术开发区建设贵阳所沙文科研基地，2017 年完成选址、总体方案设计和相关报批工作，分两期实施，总投资约 15 亿元，其中一期投资 8 亿元，计划 2022 年建成。项目拟建设多个不同功能新型航空发动机试验试车台，改变以往依赖交付试车台开展试验试车的局面，建成后将全面提升新型涡扇发动机整机研发试验能力及相关零部件试验测试水平。

七、行业管理主要工作

继续发布《贵州省军用技术转民用推荐目录（2017 年度）》《贵州省军民结合新产品、新技术、新工艺研发项目目录（2017 年度）》《贵州省军民两用设备设施资源信息共享名录（2017 年度）》等 3 本目录，既有利于先进军用技术在民用领域的推广应用，也有利于引导和支持优势民营企业进入军品科研生产领域，对推动军民融合深度发展将起到重要作用。

（贵州省经济和信息化委员会）

陕　西　省

一、本地区基本情况

陕西省是我国航空工业重要基地，已形成集飞机设计制造、试验试飞、产品支援、综合服务保障及教学培训为一体的较为完整的航空工业体系。现有中国航空工业集团有限公司企业 19 家、科研院所 5 家和中国航发企业 2 家，从业人员 12 万余人。陕西省为航空工业进行专业化配套的机械、电子、化工企事业单位有 300 多家。

二、生产经营情况

2017 年，陕西航空企事业单位实现营业收入 674 亿元。

三、主要产品

（一）民用飞机

“新舟”飞机实现系列化发展，MA60/600 飞机累计交付 108 架，累计订单约 340 架，在全球 18 个国家 32 家客户的近 300 余条航线上运营，累计运载商业旅客超过 1000 万人次。

（二）无人机

主要以整机制造、飞控系统研发、零部件生产、飞行培训等为主，产品涵盖无人直升机、固定翼无人机、多旋翼无人机等多种机型，载重量从几十千克至几百千克不等，用户覆盖农业、林业、国土、规划、应急、安防、电力、能源、广播电视及个人用户等，已初步形成了包括基础研究、研发制造、行业应用、产品销售、人员培训、检测试飞的无人机产业链。

（三）通用飞机

陕西航空产业发展集团有限公司与美国贝尔直升机公司合作，通过订购 100 架贝尔 407GXP 直升机，按照“运营拉动制造，市场引领发展”的总体思路，分阶段建设贝尔 407GXP 机型总装线及直升机运营基地项目，逐步构建集飞机生产制造、试验试飞、产品支援、综合保障及教学培训为一体的直升机产业链条。

（四）航空发动机及燃油控制系统

涉及发动机压气机、燃烧室、涡轮、机匣等关键部件，包括盘类、环类、封严类、轴类、机匣类、涡轮叶片和压气机叶片零件及其他结构类零件等，产品零件种类过千种，为全球 20 多型发动机提供配套。航空发动机控制系统包括液压、燃油、空气控制系统等航空发动机燃油控制附件，以及近 40 种发动机控制系统附件的研制、生产与修理。

（五）航空设备及系统

涉及航空机轮、刹车装置、刹车盘片、防滑刹车系统及 PMA 产品，起落架系统、高升力系统、电源系统、飞控系统、机载计算机、飞行环境监视系统、无线电导航系统、机载娱乐系统等。

（六）航空新材料

包括钛材、锆材等金属材料；碳纤维、织物、预制体、预浸料及复合材料等制品；轻质高强度镁锂等合金材料。

（七）其他航空民用产品

包括飞机训练模拟器和工程模拟器、机场助航设备、通用航空产品、空港培训设备、飞机地面保障设备、登机桥整体调平自动装置、智能旅客登机桥、电动式钢结构机库大门和柔性堆积式机库大门、飞机照明光源、车载式助航灯具光强检测仪、无线电高度表、多普勒雷达、气象雷达、飞机除冰/防冰液和机场道面除冰/防冰液、导光控显面板等。

四、产品开发与技术进步

（一）民用飞机及部件

“新舟”系列民用飞机。MA60 遥感飞机获得国内型号合格证，MA60 海监机交付用户。MA700 飞机为我国民用飞机发展“两干两支”

重要组成部分，是一款 70 座级中短程涡桨支线飞机，已完成初步设计评审、合格审定技术审查，机身等试验件顺利交付。已获得 185 架意向订单。

AG600 大型灭火/水上救援水陆两栖飞机。西安飞机工业集团有限责任公司承担飞机水密试验件、铁鸟试验件、中机身、中央翼、外翼部件的研制任务，均按计划完成交付任务。

C919 大型客机。西安飞机工业集团有限责任公司承担中机身、中央翼、外翼翼盒、前缘缝翼、后缘襟翼、副翼等 6 个工作包研制任务，同时还承担了翼身组合体试验件研制任务。完成翼身组合体试验件和研制批全部工作包制造交付，为 C919 飞机成功首飞提供了有力支撑。庆安集团公司与美国穆格公司合作，共同提供飞机高升力系统，均按要求交付。陕西宝成航空仪表有限责任公司承担 C919 飞机应急撤离系统、机载客舱娱乐系统。陕西宏远航空锻造有限责任公司承担的锻件研制项目全面完成。中国飞机强度研究所承担飞机全机静力、疲劳、地面共振及零部件适航符合性试验。宝钛集团有限公司承担飞机用钛合金板材、管材等材料研制。西安三角航空科技公司飞机起落架锻件、发动机吊挂接头锻件产品均按要求交付。

ARJ21 - 700 新支线飞机。西安飞机工业集团有限责任公司承担机身、机翼、翼身整流罩等 60% 的机体研制生产任务。中国飞机强度研究所承担了全机静力试验、疲劳试验、地面共振试验、结构研发和零部件适航符合性验证试验等。西安航空计算技术研究所配套提供中央维护系统机载软件。陕西宝成航空仪表有限责任公司承担机载娱乐系统研制。陕西航空电气有限责任公司承担供配电系统综合试验设施研制。陕西宏远航空锻造有限责任公司承担 17 项飞机项目锻件研制。国营长空精密机械制造公司承担飞机前缘缝翼齿轮齿条组件研制生产。宝钛集团有限公司、西部超导材料科技股份有限公司承担飞机钛合金材料研制。

（二）航空发动机

西安航空发动机（集团）有限公司已掌握盘类零件、环形件、鼓筒轴、精密铸造、锻造叶片等近千种零件的加工工艺，特种工艺保持 NADCAP 的 9 大项、33 分项的特种工艺认证，部分制造技术已达到或接近国际同行先进水平。公司围绕技术创新、技术系统建设、现场技术服务与保障、材料应用与管理、科技管理等，通过不断创新改进、优化业务流程，保障各项科研生产任务顺利推进。

西安航空动力控制科技有限公司与霍尼韦尔公司联合研发民用航空发动机齿轮泵产品，已完成产品初步设计及评审、设计概念验证、详细设计及评审阶段的相关工作。

（三）刹车及机轮装置

西安航空制动科技有限公司承担了 MA700 飞机项目机轮与刹车控制系统研制，开展了机轮刹车系统原理件的设计制造。

（四）航空锻件

陕西宏远航空锻造有限责任公司积极推动工艺优化和产品精化工作，节省材料和生产成本，大幅提高生产效率，SQCDP 生产绩效板推广应用得到空客公司、霍尼韦尔公司及国内重点客户认可。

（五）航空机载设备及系统

西安飞行自动控制研究所承担了 AG600 飞机部件研制，有效落实了试验计划和跟飞保障。中国科学院工程热物理研究所和朗星无人机公司研制开发了 AT200 物流无人机飞行控制与管理系统。陕西航空电气有限责任公司已成为 MA700 飞机一级配电系统供应商。陕西宝成航空仪表有限责任公司完成了 ARJ21 飞机手持话筒适航取证，为 C919 飞机配套了应急信号撤离系统。

西安航空计算技术研究所天脉嵌入式操作系统突破了信息安全与多核支持等方面的多项关键技术，已在民用领域开展了多个项目的应用验证或达成合作意向。陕西凌云集团电器公司研制的组合接收设备、无线电罗盘、测距器、无人机测控通信系统，适合于装备各类民用飞机。

五、对外贸易与合作

2017 年全省航空单位共完成出口产值 47.2 亿元。

（1）西安飞机工业集团有限责任公司广泛开展同波音、空客等国际知名航空制造企业的合作，是空客 A 级供应商、获得波音公司“年度供应商”奖，形成了以飞机机翼为核心，以机身、垂尾、平尾、内襟翼等活动翼面为代表的机体结构大部件制造能力，年出口交付额超过3亿美元。

（2）西安航空发动机（集团）有限公司先后与美国通用电气公司、英国罗罗公司、法国斯奈克玛公司、加拿大普惠公司等世界著名航空发动机制造企业建立了长期稳定的战略合作关系，并成为数家国外航空发动机公司的近百种零件的海外唯一供应商，合作方式已发展到RSP风险合作。

（3）庆安集团有限公司与法国赛峰集团、美国UTAS公司、穆格公司、霍尼韦尔公司、派克公司等国际民用航空机载设备公司建立了业务合作关系。公司已由简单零件供应商转向中高复杂度零组件供应商，实现了从单纯制造的价值链低端到设计研发的价值链高端转变，国际合作与转包生产层次不断提升。

（4）西安航空动力控制有限公司积极承接铸件壳体类、异形件类和轴套类零件加工业务，收缩与主业关联度较低和盈利能力较差的国际合作项目。陕西宏远航空锻造有限公司主要为波音、空客、古德里奇、道蒂等公司配套生产航空锻铸件毛坯。2017年获道蒂公司“全球最佳供应商奖”；与空客公司合作领域不断拓展，已从空客A320单通道客机扩展到A350宽体机型；已成功进入国际航空发动机研制合作领域。

（5）陕西航空电气有限责任公司成功收购美国汉胜公司持有的厦门汉胜秦岭宇航有限公司65%的股权，公司将利用现有技术优势，整合厦门中航秦岭宇航有限公司民用航空发电机维修能力，打造国内民航维修平台。

（6）西安飞行自动控制研究所与美国霍尼韦尔公司、派克公司合资成立西安鸿翔飞控技术有限公司、鹏翔飞控作动系统（西安）有限公司，运营良好。

（7）陕西宝成航空仪表有限责任公司航空仪表和转包零件出口美国、德国、捷克，已被美国克瑞公司列入优先可增长战略合作供应商。

（8）西安航空制动科技有限公司与美国UTAS公司、霍尼韦尔等建立了新的合作，产品涉及系列固定片、导轨、挡圈、隔热屏、隔热环等，2017年实现外贸收入120万美元。

（9）陕西长空齿轮公司研制的小模数减速器、中模数齿轮、轴杆件产品广泛应用于民用航空、医疗器械、工业机器人、印刷机械、纺织机械等行业，约60%产品销往欧美、日本、韩国等。

六、重大基础设施建设

（一）航空产业基地园区建设

1. 西安阎良国家航空高技术产业基地

已累计注册企业900余家，民营企业占比超过80%，其中300余家企业从事航空相关业务，已基本完成一期8.2千米^{2}的开发建设，二期25.7千米^{2}的开发建设已全面展开，初步形成了一个产业特色明显、配套条件完善、集群效应凸显的航空产业聚集区。2017年实现工业总产值100亿元，同比增长20%；完成固定资产投资129亿元，同比增长12.5%。

2. 汉中航空智慧新城

汉中航空智慧新城规划总面积27.8千米^2，中期规划到2020年，完成各类投资500亿元，建成区15千米^2，人口达10万人；远期规划到2030年，总投资1000亿元以上，总人口达15万人，入园航空及配套企业100余家。汉中航空产业基地扩能配套生产项目、航空零组件项目主体竣工，“两厂一路”标准化学校、综合医院等一批基础设施和公共服务类项目建设进展顺利。2017年航空新城实现工业总产值140亿元，入园企业37户，建成区面积9千米^2。

3. 渭南蒲城通用航空产业园

渭南蒲城通用航空产业园规划占地20千米^2，主要从事飞机制造、装备、试飞及零部件加工、维修，同时建设航空培训学校、航空俱乐部等，引进了精工通航、中联航空、中澳通用飞机、海飞特直升机、西捷飞机、中飞航空俱乐部、凤凰国际飞行学院等70余家通航企业。与世界通航之都美国威奇托市建立了战略合作关系，国际合作能力不断提升。已获国家批准成为“中国国际通用航空大会”的永久会址，成功举办了四届通航大会，参展飞机数、参会企业数、签约金额逐届提升。

4. 西咸新区空港新城

依托陕西省航空产业优势，形成航空维修、

航材供应、航空零部件制造检测、航空培训等较为齐全的航空产业链。西咸新区空港新城已被中国民航局批复为西安国家航空城实验区，是我国首家以发展航空城为定位的国家级临空经济区。总投资 4.5 亿元的东航新机库项目已建成使用，将大幅提升西安咸阳国际机场整体飞机维修和保障能力。厚亿航空环保材料生产、康倍航空部附件维修、蓝太飞机碳/碳刹车盘、新泰航空部附件维修等多个临空产业项目运行良好。

5. 西安航天基地通用航空产业园

西安航天基地通用航空产业园以通航机场建设为契机，打造面向全国的通航运营服务中心，建设全国重要的通航产业示范区。已聚集了以京东物流无人机项目、美国贝尔直升机组装生产线项目、警航基地项目、医疗救援项目及陕西直升机公司、西部通航机场公司为代表的 35 家通航企业，产业涵盖直升机制造、飞控系统研发、公务飞行、应急救援、空中旅游、通航培训、通航金融、通航服务等。

6. 西安爱生无人机靖边试验测试基地

占地约 3.3 千米^2，规划投资 10 亿元，主要建设飞行区、回收区、工作区和场外工程。基地面向全国承担民用无人机适航认证试验、鉴定试验等任务，具备无人机科研、展示、竞技、培训、救灾、飞行等功能与基础条件。

7. 西北工业大学“翱翔小镇”及无人机产业化基地

位于西咸新区沣西新城核心区，项目规划区 5 千米^2，预计总投资 350 亿元。到 2022 年左右将形成集产业、科技、博览、教育、综合服务等 5 大功能板块。无人机产业化基地项目已开工建设，规划用地 580 亩，计划投资 135 亿元，主要建设无人机设计开发、维护培训及相关配套产业孵化区、产品试制及集成测试区、地面试验设施、小型航空发动机研发区、民用无人机发展区及产品售后服务区等 6 个板块，项目建成后将形成年产 1000 架中小型无人机、1500 台（套）航空发动机、300 台（套）地面站、1100 台（套）航空电子设备等能力。

（二）重点项目建设

1. 中航西飞民用飞机有限责任公司

MA700 飞机新一代涡桨支线飞机的研发和批产能力及配套基础设施建设等。

2. 爱生无人机西咸新区发展有限公司

工业类无人机产业化生产线建设项目为“沣西无人机产业化示范基地”建设子项目。拟建设现代化工业类无人机制造生产线批量生产厂房及生产制造技术研发楼（总建筑面积约 5 万米^2），购置生产制造、装配测量、系统测试等设备 110 多台/套。

3. 西航集团莱特航空制造公司

EAP 发动机零部件生产线技术改造项目总投资 5000 万元，在充分利用西航集团莱特航空制造公司现有条件和生产能力下，购置立式加工中心等生产检测设备 15 台/套，改造拉床 2 台，开展 Leap 发动机零部件生产线技术改造建设工作，实现产业升级。加快引进新一代 Leap 航空发动机的先进制造技术，提升西航集团莱特航空制造公司参与新一代航空发动机制造的生产规模与技术能力。

4. 西部超导材料科技股份有限公司

航空航天用高温钛合金棒材产业化项目总投资 1.2 亿元，新增航空航天用高温钛合金铸锭、棒材/锻坯生产主型及辅助设备 40 余台/套，建设航空航天用高温钛合金棒材生产线，可提升公司航空用高性能钛合金棒材产业化规模。

5. 西安三角防务股份有限公司

400MN 模锻生产线技改及深加工建设项目投资 7500 万元，在主设备 400MN 模锻液压机和 31.5MN 快锻机基础上，采购设备 75 台/套，并建设理化检测中心和机械加工中心。

七、行业管理

（一）召开全省军民融合和航空产业发展座谈会

对陕西省军民融合和航空产业发展进行总结，明确航空产业在陕西省军民融合深度发展中要率先突破发展，安排部署陕西省军民融合与航空产业发展重点工作任务，全面推动全省航空产业加快发展。

（二）不断优化产业发展顶层设计

印发了《陕西省关于支持无人机产业加快发展的意见》；发布了《陕西省民用飞机产业链发展推进方案》《陕西省通用航空产业链发展推进方案》《陕西省民用无人机产业链发展

推进方案》三个产业链推进方案。

（三）积极推动战略合作

陕西省政府与中国航空工业集团有限公司签署《汉中航空智慧新城建设战略合作框架协议》，加快推进汉中航空智慧新城建设；省政府与中国航空发动机集团有限公司签订战略合作框架协议，共同推动航空发动机军民融合式发展，建设航空发动机产业强省。

（四）积极推进富阎航空产业合作区建设

陕西省统筹全省航空产业资源，积极推进富平、阎良一体化建设，着力打造渭北航空工业军民融合走廊，将富阎新区航空产业合作园打造成为国家航空产业军民融合典范，示范带动陕西航空产业加快发展。

（五）积极推进无人机产业发展

陕西省政府召开了全省无人机产业发展推进会；西北工业大学“翱翔小镇”暨无人机产业化基地建设项目已正式启动建设，爱生无人机试验测试中心已面向客户提供科研试验、适航认证、定型鉴定、操作维护人才培训等服务；京东物流无人机项目进展顺利，着力推进无人机通航三级物流示范体系建设；陕西九天通用航空有限公司研制的大型载人观光飞艇即将首飞；陕航集团与西工大合作的西安爱生无人机公司、发动机公司、无人机应用开发公司顺利推进。

（六）搭建产业融资平台

陕西省政府设立了1亿元军转民专项扶持资金，重点支持军民融合重大项目（包括技术改造及产业化项目）和新产业培育项目加快发展；组建了注册资本30亿元的陕西航空产业发展集团公司，以航空产业战略性投资、开展重大航空产业项目建设和运营为主，打造国有资本运作平台、航空产业投资平台和市场化融资平台；成立了总规模100亿元的军民融合产业发展基金，通过对军民融合重点领域重大项目股权投资，支持军民融合优质项目产业化，推动全省军民融合产业加快发展；省财政与西安市财政共同出资组建了10亿元规模的渭北航空产业投资基金，重点支持西安航空基地产业加快发展；西安、汉中等有关地市及产业基地园区也分别组建了航空产业发展基金，推进陕西省单位参与航空产业配套。

（陕西省国防科技工业办公室）

甘　肃　省

一、本地区基本情况

截至 2017 年底，甘肃省有航空产业类企业 8 家，分别是隶属于中国航空工业集团有限公司的兰州万里航空机电有限责任公司、兰州飞行控制有限责任公司、中航天水飞机工业有限责任公司等 3 家以及甘肃长风电子科技有限责任公司、神龙航空科技有限公司（简称神龙航空）、甘肃澳雷通用航空有限公司、甘肃席勒航空工业有限公司和甘肃东舟公共飞行服务有限公司等 5 家。

神龙航空科技有限公司是一家拥有自主知识产权、专业从事无人机和通用航空轻型飞行器研发、生产及飞行培训为一体的科技型企业。经过多年的发展，已成长为甘肃省轻型飞机和无人机产业联盟成员单位、甘肃省高新技术企业、甘肃省技术创新示范企业、甘肃省 2011 年度先进私营企业、甘肃省 2011 年度守合同重信用企业，多次获得中国创新创业大赛优秀企业、中国高新技术成果交易会优秀产品奖、创新奖等荣誉称号，取得了无人驾驶航空器系统驾驶员训练机构合格证（AOPA）、通用航空企业经营许可证，是西北地区无人机驾驶员、机长执照考点之一。

甘肃省航空产业主要业务包括 5 大类：自动驾驶仪及控制增稳系统研制、电动舵机类产品研制、军机及民用航空类飞机的修理、无人机整机的生产组装及配件生产，以及医疗救护、空中游览、飞行驾驶执照培训、航空器代管、航空摄影、城市消防等众多航空民用服务类业务。

二、生产经营情况

2017 年，共生产、销售各型号无人机 231 架，实现工业总产值 8602.48 万元，比 2016 年增长了 1.5%。

三、主要产品

（一）飞行器系列

SLA－GH26、SLA－GH52、SLA－GH111、SLA－GH111H2、SLA－GH111H3、SLA－GH111H4、SLA－GH170、SLA－GH170H1、SLA－GH170H2、SLA－GH170H3、SLA－GH190、SLA－GH190H1、SLA－GH500、SLA－GH1000 旋翼式无人直升机，SLA－D26H 电动旋翼式无人机，SLA－D6×0.75Z、SLA－D8×0.75Z 多轴飞行器，SLA－30、SLA－50、SLA－60、SLA－90 航模运动旋翼式无人机，SLA－521－I 型软翼飞行器，WILD THING（瓦尔辛）双座单发轻型固定翼飞机。

（二）航空发动机

SLA52cc、80cc 无人直升机双缸对置活塞式发动机。

（三）航空配套产品

SLA 两轴云台、SLA 起落架联动两轴云台，SLA 三轴云台、SLA 起落架联动三轴云台，SLA 两轴托板云台，SLA 质子磁力仪抗干扰挂载云台，SLA 防凌破冰炸药自动投放引爆系统，SLA 农药植保施药系统，SLA 生命探测仪挂载云台，SLA 警用高空视频音频传输系统、利用北斗导航的无人直升机自动驾驶系统。

（四）航空维修改装及服务

航空维修主要发展工程类 SLA－GH260、SLA－GH520、SLA－GH111、SLA－GH170、SLA－GH500、SLA－521－I 型软翼飞行器、SLA－D6×0.75 多轴飞行器、SLA－D8×0.75 多轴飞行器及 WILD THING（瓦尔辛）双座单发轻型固定翼飞机等机型的维修、托管作业承包等服务。

四、产品开发与技术进步

新产品主要围绕 SLA－GH1000 旋翼式无人

直升机及 WILD THING（瓦尔辛）双座单发轻型固定翼飞机的工程化应用开展研发。

在 SLA－GH1000 旋翼式无人直升机基本型的基础上，生产开发出了 SLA－GH111H2、SLA－GH111H3、SLA－GH111H4、SLA－GH170H1、SLA－GH170H2、SLA－GH170H3、SLA－GH190H1、SLA－GH500、SLA－GH1000 等多种机型，其中 SLA－GH1000 有效任务载荷可达 100 千克以上，极大地提升了执行任务的能力。在自主研发的 52cc 双缸对置式活塞汽油发动机的基础上，又成功研制了 80cc 风冷双缸对置式汽油发动机，经过长期载荷试验运行，现已定型并能实现量产，动力系统具备长寿命、低油耗、高推重比的要求，为企业批量生产奠定了基础。

WILD THING（瓦尔辛）双座单发轻型固定翼飞机是公司消化吸收德国技术，自主研发的第一款载人固定翼飞机，该飞机具有安全系数高、飞行稳定、操作简单、对起降场地要求低等优点，已经完成该机地面滑行验证工作。

截至 2017 年底，甘肃省航空工业企业已取得 28 项发明专利和实用新型专利技术，其中发明专利 5 项，实用新型专利 23 项，另有“一种抱箍式大型无人机尾管承载固定装置”“一种高效的无人机半圆弧同步带传动装置”“一种无人机发动机启动离合装置”“一种新型燃油无人机自动控温冷却散热系统”等 4 项技术正在申报发明专利或实用新型技术。

五、重大基础设施建设

总投资 6.6 亿元、占地 86 亩的年产 500 架无人机及轻型通用飞机生产基地项目已经进入建设施工办理阶段，各项工作正在有序推进。

六、行业管理主要工作

甘肃省坚持在自主创新的基础上，采取“走出去、请进来”的策略。在研发基于北斗导航的无人直升机自动驾驶系统时，神龙航空科技有限公司与兰州理工大学合作。2017 年，通过甘肃省外国专家局，聘用了德国、罗马尼亚等国家的经济技术专家 4 人，专门负责 WILD THING（瓦尔辛）双座单发轻型固定翼飞机项目进度管理监督，负责拟组建的飞行员培训学校的体系建设及教学管理工作，负责该公司所有与轻型载人飞机相关的配套产品引进及国际市场开拓等工作。

2017 年，神龙航空科技有限公司被甘肃省外国专家局授予“甘肃省引进外国智力示范单位”称号。

（甘肃省工业和信息化委员会）

海 南 省

一、重大基础设施建设

（一）建设通用航空机场

截至 2017 年底，海南省已建成东方通用航空机场、海口甲子通用机场、白沙通用机场、儋州木排通用机场等通用航空机场。其中，东方通用航空机场由中信海洋直升机股份有限公司作为业主单位

（二）建成全省通用机场平台体系

海南已于 2017 年 4 月建成低空空域空管服务保障示范区，在全国率先建成覆盖全省的低空目视航图系统和较为完善的低空空管服务保障平台、设施，率先建立基于数字身份认证的“低慢小”航空器综合管控平台和无人机管理系统。

二、行业管理主要工作

（一）制定《海南省“十三五”低碳制造产业发展规划》

将民用航空工业列入海南低碳制造业发展规划，与海南国际旅游岛发展有机结合起来。适度发展低空飞行旅游装备。加快完善通用航空维修、支援、保障、培训、租赁等配套服务体系，拓展产业链，打造低空飞行旅游装备及配套专业化生产和产业化应用基地。

（二）设立海南省低碳制造产业发展专项资金

该专项资金支持包括航空工业在内的低碳制造产业发展，重点围绕航空工业等企业在技术改造、新产品新技术研发、质量品牌建设、产业规模化发展、高端人才奖励等 5 个方面进行扶持，引导企业加快转型升级步伐。

（海南省工业和信息化委员会）

内蒙古自治区

一、基本情况

内蒙古的航空工业刚刚起步，部分盟市正在开展小型飞机以及无人机项目建设，组装项目居多。其中，全区有两家主要从事生产小型飞机和无人机的企业已投入试生产，另外还有主要从事小型飞机和临近空间飞行器（飞艇）生产的1个在建项目和2个拟建项目。

二、主要产品

主要生产小型飞机、无人机和临近空间飞行器（飞艇）。

三、重大基础设施建设

包头众翔通用航空有限公司飞机制造及飞行驾驶员培训中心项目。一期建成容纳3000名飞行驾驶员的培训中心；二期建成年产150架水陆两用飞机生产线，总投资6.4亿元。项目正在推进中。

海明堡飞机项目。总投资600亿元，该项目总占地面积500亩，分三期建设，一期投资100亿元，组装卡-32直升机、安-38固定翼飞机；二期投资400亿元，在引进整机组装生产的基础上，发展国产化直升机、喷气公务机和螺旋桨支线飞机，同时引进大型直升机和螺旋桨飞机；三期投资100亿元，建设与航空制造业相关的配套项目。项目正在推进中。

四、行业管理主要工作

内蒙古自治区积极推动本地区航空工业的发展，将加强同民用航空工业发达地区的合作，引进高技术人才，促进自治区民用航空工业的发展。

（内蒙古自治区经济和信息化委员会）

第三部分

企业发展概况

中国航空工业集团有限公司

一、企业基本情况

中国航空工业集团有限公司（简称集团公司）是由中央管理的国有大型企业，是国家授权投资的机构，2008 年 11 月 6 日由原中国航空工业第一、第二集团公司重组整合而成。集团公司设有航空武器装备、运输类飞机、直升机、机载系统与汽车零部件、通用航空、航空研究、飞行试验、航空供应链与军贸、资产管理、金融、工程建设等产业，下辖近 100 余家成员单位、近 27 家上市公司，员工逾 45 万人。

中国航空工业集团有限公司将“寓军于民、军民融合”作为重要发展原则，以新理念、新思路、新举措大力发展民用飞机产业，自主研制 AG600 大型灭火/海上救援水陆两栖飞机，系列发展 MA60、MA600、MA700 等“新舟”系列支线飞机，AC311、AC312、AC313、AC352 等 AC 系列民用直升机，大力发展运 12 系列通用运输机，“海鸥”300、SF50 轻型公务机，AG50、AG300 等 AG 系列通用飞机，全力支持 C919 大型客机、ARJ21 新支线飞机发展；承接国际航空转包生产任务并成为优秀供应商。同时，中国航空工业集团有限公司还大力发展飞机租赁、通用航空、航空运输等服务业务；积极实施型号牵引与技术推动相结合的民用飞机科研项目；完善民用飞机技术体系、突破瓶颈技术和关键技术、注重成果转化和加快技术成熟，为型号研制提供技术支撑；大力开拓民用飞机维修、运营、客户支援与服务等业务领域，致力于打造民用航空产业链，实现民用航空跨越式发展。

二、生产经营情况

2017 年，中国航空工业集团有限公司实现经营收入 4048.2 亿元，同比增长 9.1%，实现利润 165.4 亿元，同口径增长 12.8%。在民用航空产业方面，民用航空产品销售收入为 189.6 亿元，同比增长 11.3%。交付各类民机 35 架。全年转包生产实现交付额 10.4 亿美元，同比增长 14.8%。

三、主要产品

2017 年，中国航空工业集团有限公司在产在销的主要民机产品包括 MA60、MA600 涡桨支线飞机；AC311、AC312、AC313 民用直升机，正在开展 AC352 直升机的市场推广活动；运 12 系列、“小鹰”500、运 5B 通用飞机，A2C 超轻型水上飞机等。

四、产品开发与技术进步

（一）民机型号研制项目

2017 年，中国航空工业集团有限公司承担的民机型号研制项目进展顺利。AG600 飞机成功实现首飞；MA700 飞机完成初步设计阶段的研制工作，转入详细设计阶段；运 12F 飞机抵达加拿大蒙特利尔完成自然结冰适航验证的全部任务，并在美国成功路演，AC352 直升机完成调整试飞。AC313 直升机在天津直博会进行了展示，并启动补充适航取证工作。AC312E 直升机完成次高原、高原试飞科目。

此外，中国航空工业集团有限公司作为 C919 和 ARJ21 机体结构件的主承制单位开展了大量的工作。ARJ21－700 项目积极开展部件批产和 PC 证后试验、试飞工作，支持中国商用飞机有限责任公司将 107 架机于 2017 年 10 月 19 日正式交付成都航空进入航线运营。C919 项目顺利完成首飞前所需的全机静力试验等任务，积极开展各架份飞机零部件的研制、交付工作及有关试飞准备工作，保障 2017 年 5 月 5 日顺利首飞、2017 年 11 月 10 日 101 架机顺利转场至阎良，开始研发试飞和适航取证工作。

（二）重点型号研制进展

1. 新型涡桨支线飞机项目（MA700）

MA700 项目完成初步设计阶段的研制工作，转入详细设计阶段。完成了支持机体结构发图所需的研发验证试验，实现零件全线开工。

2. 大型灭火/海上救援水陆两栖飞机项目（AG600）

AG600 完成了低、中速滑行试验，通过中国民航局制造符合性检查获得特许飞行证，成功召开首飞技术质量评审和首飞放飞评审，完成首飞前各项准备工作，并于 2017 年 12 月 24 日实现首飞。

3. 直 15 型先进中型多用途直升机项目（AC352）

AC352 完成测试改装，并获得特许飞行证，实现 PT02 架机首飞后复飞，完成调整试飞。

五、国际经济技术合作

2017 年中国航空工业集团有限公司民机国际转包生产稳步推进，现有转包项目总体进展良好，产品交付质量、进度等能够满足客户要求。

与波音、空客保持高层会谈，并积极参加国家发改委与波音、空客的年度会议，推动扩大工业合作；在工作层面上，与波音、空客召开多次协调会议，推动落实工业合作路线图。零部件转包生产项目稳步推进，并获得国内外主要飞机制造商的认可：中航成飞民用飞机有限责任公司荣获空客全球供应商“最佳表现奖”，西安飞机工业集团有限责任公司获得波音“年度供应商”奖，西安飞机工业集团有限责任公司、中航成飞民用飞机有限责任公司分获中国商用飞机有限责任公司“供应商银奖”。组织所属有关客舱企业参加汉堡国际内饰展并针对新工作包进行了投标。积极拓展新市场：航宇嘉泰与空客座椅线装项目合作进展顺利，菲舍尔未来先进复合材料股份公司（FACC）赢得空客 A320 头顶行李舱工作包，Thompson 公司、AIM 公司积极开拓全球市场特别是中国市场。

在合资合作方面，中国航空工业集团有限公司参与的空客天津 A330 完成中心项目成功交付首架飞机；空客天津 A320 总装线二期正式启动，并与空客、天津保税区就总装线生产速率提升达成一致意见。

六、航空零部件转包生产

2017 年，中国航空工业集团有限公司航空零部件转包生产业务继续保持快速发展。全年转包生产实现交付额 10.4 亿美元。

七、通航运营取得新进展

2017 年 5 月 13 日—15 日，首届 2017 中国航空工业全国“通航日”活动在北京主会场及全国若干分会场举行。本次“通航日”以“通用航空产业助推‘一带一路’国家战略”为主题。2017 年 3 月 11 日，“爱飞客两会之夜”活动在北京钓鱼台国宾馆举行，300 余名“两会”代表、委员与相关专家学者代表集思广益，共同探讨军民深度融合背景下通用航空业发展方略，谋划爱飞客通航运营服务于地方经济融合发展之道。8 月 24 日，2017 中国国际通用航空大会在陕西西安开幕。中国航空工业集团有限公司携旗下各相关业务板块参展本届大会，全面展示了在通用航空领域的成就和实力。

（中国航空工业集团有限公司）

中国商用飞机有限责任公司

一、企业基本情况

中国商用飞机有限责任公司是实施国家大型飞机重大专项中大型客机项目的主体，也是统筹干线飞机和支线飞机发展、实现我国民用飞机产业化的主要载体。中国商用飞机有限责任公司经国务院批准成立，由国务院国有资产监督管理委员会、上海国盛（集团）有限公司、中国航空工业集团有限公司、中国铝业股份有限公司、中国宝武钢铁集团有限公司和中国中化股份有限公司出资组建，2008 年 5 月 11 日在上海成立，注册资本 242 亿元，总部设在上海，主要从事民用飞机及相关产品的科研、生产、试验试飞，民用飞机销售和服务、租赁和运营等相关业务。

所属单位有上海飞机设计研究院、上海飞机制造有限公司、上海飞机客户服务有限公司、北京民用飞机技术研究中心、民用飞机试飞中心、上海航空工业（集团）有限公司、中国商飞美国公司、四川分公司和上海《大飞机》杂志社有限公司。设立北京办事处、美国办事处、欧洲办事处。商飞资本有限公司完成注册，筹建财务公司。参股成都航空公司、浦银金融租赁公司，与伊顿公司合资成立伊飞公司，与拉比纳公司合资成立赛飞公司，与俄罗斯联合航空制造集团在上海合资成立中俄国际商用飞机有限责任公司，与波音公司在舟山合资成立舟山波音完工中心有限公司。截至 2017 年底，公司从业人员 1.1 万余人。

二、生产经营情况

2017 年是中国商用飞机有限责任公司取得长足进步的一年，三大型号工作取得了重大突破，公司发展建设迈上了新台阶，C919 大型客机首飞成功，ARJ21 新支线飞机取得中国民航局生产许可证，首次实现国产喷气式客机批量生产。ARJ21 飞机全年生产 6 架，交付 3 架（含一架公务机改装交付），累计交付 5 架。航线运营良好，累计安全载客 3.7 万人次。中俄远程宽体客机正式命名为 CR929，中俄国际商用飞机有限责任公司挂牌运营，项目通过联合评审，转入初步设计阶段。

三、主要产品

（一）C919 大型客机

C919 大型客机是我国按照国际民航规章自行研制的，具有自主知识产权的大型喷气式民用飞机，座级 158～168 座，航程 4075～5555 千米。2017 年 5 月首飞，12 月第二架飞机首飞。全年新增订单 215 架，累计订单 785 架。

（二）ARJ21 新支线飞机

ARJ21 新支线飞机是我国首次按照国际民航规章自行研制、具有自主知识产权的中短程新型涡扇支线客机，座级 78～90 座，航程 2225～3700 千米。在取得中国民用航空局型号合格证、交付首家用户成都航空公司及投入商业运营后，ARJ21 新支线飞机在 2017 年 7 月取得生产许可证，实现批量生产，2017 年 12 月取得 CCAR－142 部合格证，公司建立起符合民航规章要求的飞行训练体系。截至 2017 年底，累计订单 433 架。

四、新产品开发

中俄远程宽体客机是中俄两国重大战略性合作项目。该机基本型座级 280 座，航程 12000 千米。在项目前期，中俄两国签署合作备忘录和签署政府间合作协议和企业间合资合同，2017 年 5 月 22 日，由中国商用飞机有限责任公司与俄罗斯联合航空制造集团合资组建的“中俄国际商用飞机有限责任公司”在上海挂牌成立。2017 年 9 月 28 日通过 G2 转阶段中俄联合评审。2017 年 9 月 29 日，型号正式命名为 CR929。2017 年年底，项目已进入初步设计阶段。

五、科技创新

面向未来发展充实技术储备，突破核心技

术，培育优势领域，增强发展后劲，积极探索实施国家重大科技专项新路子，构建“以中国商用飞机有限责任公司为主体，以市场为导向，产学研相结合”的民机技术创新体系。全年获批国家及地方课题 26 项，组织开展 11 项科技创新专项。加强技术储备，全面推进复材机翼、复材机身、航电、多电、飞发一体化等重大预研攻关，突破 40 多项关键技术。探索未来产品和技术，成立增材制造技术应用研究中心，申报国家新材料生产应用示范平台，研究工业互联网、大数据、3D 打印等新技术，全年新增专利申请 224 件、授权 111 件。举办首届 COMAC 国际科技创新周，签署 4 份校企合作备忘录和协议，形成 24 个意向合作项目。已建成 1 个国家工程技术研究中心、1 个国家重点实验室，3 个上海市工程技术研究中心和 2 个北京市重点实验室，正在建设 1 个国家级工业设计中心，与清华大学、上海交大、北航等国内 36 家高校开展 900 多项科研合作，形成了覆盖 5 项一级专业、21 项二级专业、122 项三级专业、617 项四级专业技术的民机技术图谱。

六、航空零部件转包生产

2017 年，所属上海飞机制造有限公司新增波音 747 前起落架舱门和波音 737 扰流板项目 2 个工作包。

七、国际经济技术合作

围绕国家“一带一路”倡议和高端装备制造业“走出去”战略，中国商用飞机有限责任公司充分利用全球资源，构建全球供应链，积极开展国际合作，建设“以中国商用飞机有限责任公司为核心，联合中国航空工业集团有限公司，辐射全国，面向全球”的民机产业体系，加强对全球 14 个国家和地区、304 家二级一类以上供应商的管理，与国外 16 家教育培训机构开展人才培养合作，与波音公司共建航空节能减排技术中心，与空客公司开展非竞争领域合作，与 GE 公司签署大数据技术合作框架协议。2017 年 9 月 26 日，与波音公司合资的舟山波音完工中心有限公司在浙江舟山揭牌。

八、重大设施建设

中国商用飞机有限责任公司围绕型号任务和公司发展建设，积极谋划能力建设布局，补齐 ARJ21 新支线飞机批产短板，启动 C919 大型客机批产和 CR929 中俄远程宽体客机研保总体规划与立项论证；加强固定资产投资项目管理，推进工程建设项目证照办理，在建工程全部取得施工许可证；推进条件能力建设，设计研发中心科创楼、总装制造中心浦东基地 ARJ21 部装厂房等项目开工建设。

九、资本运营

中国商用飞机有限责任公司围绕产融结合，深化与央企、银行、租赁公司合作。为集合社会化资本、投资完善公司产业链，成立商飞资本有限公司作为公司的投资平台和持股平台，现已完成工商注册，为加强公司资金管控能力，整合、协同各类产业资源，维护公司乃至产业链合理、稳健的现金流，拟成立财务公司作为公司的金融平台，现已获得中国银监会批筹，章程及组建方案已通过公司党委会、总办会审议，酝酿成立大飞机产业基金，引导资本投资民机产业。

十、机构调整和体制改革

围绕国家关于国有企业改革的总体部署和要求，全面推进公司深化改革工作，中国商用飞机有限责任公司组织制定《公司 2017 年全面深化改革工作计划》，推进 75 项改革工作。瞄准重点难点，统筹推进《公司 2017 年度深化改革专项工作计划》，部署设立资金与损益，人才吸引、稳定、活力，产品实现与市场拓展，质量安全，产业能力，效率改进，竞争对策等 7 个方面的改革专项工作，共安排 42 项任务。围绕中央改革重点，落实公司子企业功能界定与分类工作，研究提出公司各级子企业分类结果。

中国商用飞机有限责任公司实施“统一经营，两级管理”母子公司扁平式集团管控模式，已建成“一个总部、六大中心”整体布局。2017 年，根据公司“十三五”发展规划，推进财务共享中心、人力共享中心筹备工作，发文组建商飞资本有限公司、增材制造技术应用研究中心、数据管理中心、C919 外场试验队和财务公司等单位和机构。

（中国商用飞机有限责任公司）

中国航空发动机集团有限公司

一、企业基本情况

中国航空发动机集团有限公司（简称中国航发）是中央直接管理的军工企业，由国资委、北京国有资本经营管理中心、中国航空工业集团有限公司、中国商用飞机有限责任公司共同出资组建。下辖26家直属企事业单位，拥有3家主板上市公司，现有职工9万余人，拥有包括6名院士、200余名国家级专家学者在内的一大批高素质、创新型科技人才。具备较强的科研生产制造能力，以及较为完整的军民用航空发动机、燃气轮机及其衍生产品的研发制造体系与试验检测能力。

中国航发秉承动力强军、科技报国的集团使命，坚持动力为本、质量制胜、人才强企、合作共赢的经营方针，致力于航空发动机的自主研发，深入推进军民融合发展。主要从事航空发动机、辅助动力、燃气轮机、飞机和直升机传动系统以及其他衍生产品的研制、生产、维修和服务；航空材料及其他先进材料研发与制造；航空动力工程及技术研究、服务。客户涉及航空、航天、船舶、兵器、能源及空天等多个领域。中国航发设计生产的涡喷、涡扇、涡轴、涡桨、活塞等航空发动机、燃气轮机和直升机传动系统等产品，广泛配装于各类军民用飞机、直升机和大型舰艇、大型发电机组上，为我国国防武器装备建设和国民经济发展做出了突出贡献。

二、生产经营情况

2017年，中国航发累计实现营业收入467.6亿元，实现利润总额19.1亿元，其中，实现航空民品收入35.3亿元。

三、主要产品

中国航发民用航空产品主要有：涡轴－8系列、涡桨－6、活塞－9等发动机产品，以及配装AC311、AC312、AC313、AC352/EC175等民用直升机的传动系统。2017年，民用发动机没有新的订单和交付，民用直升机传动系统共交付26套。

四、新产品情况

（一）民用航空发动机型号研制项目

2017年，在民用航空发动机方面，中国航发针对国产干线客机需求，正开展大型客机发动机验证机和原型机研制；针对AC352直升机需求，正在与法国合作研制涡轴－16发动机；针对未来5吨级直升机需求，正开展1000千瓦级涡轴发动机研制；针对未来涡桨支线飞机需求，正开展5000千瓦级涡桨发动机工程验证研制。同时，积极开展宽体客机发动机技术验证工作。在民用直升机传动系统方面，继续开展现役直升机传动系统改进升级，并积极开展未来5吨级直升机传动系统研制工作。

（二）各重点型号研制进展

大型客机发动机验证机完成首台整机总装，核心机实现大气进气状态100%转速运转；大型客机发动机原型机完成总体方案设计，通过概念设计转初步设计阶段评审。涡轴－16发动机适航取证工作加速推进，编制了30个审定计划并通过中国民航局审批，配装AC352直升机在天津直升机博览会上进行了首次飞行表演。1000千瓦级民用涡轴发动机项目完成首台发动机和第二台核心机试制，首台核心机点火一次成功并提前实现转速达标。5000千瓦级涡桨发动机工程验证机完成概念设计阶段工作，完成首台核心机试制及燃气发生器工程设计。宽体客机发动机通过概念设计方案评审，完成2项关键技术攻关项目，开展了第一轮部件系统试验件试验验证。

五、航空零部件转包生产

2017 年，中国航发加强顶层设计，坚持集团国际转包三原则，“效益低、不盈利的不干，层次低、技术含量低的不干，与主营业务资源冲突的不干”，积极推进国际转包由追求规模向注重效益和引进技术转型。航空零部件转包生产主要为美国通用电气（GE）·航空、英国罗罗（RR）、美国联合技术（UTC）、法国赛峰（SAFRAN）、美国霍尼韦尔（HON）、德国MTU 等公司提供航空发动机各类零部件产品。全年航空零部件转包生产交付额 4.8 亿美元，约占全集团转包交付总额的 73%。

六、国际经济技术合作

2017 年，中国航发积极拓宽对外合作渠道，深化与国际主要航空发动机企业的联系与合作。与法国赛峰集团召开了首届战略合作委员会会议。与英国帝国理工、曼彻斯特大学成立了联合技术中心。

在工业和信息化部、商务部指导下，积极参与中法、中英、中荷、中欧、中俄等民用航空工作组合作，与国外高校、研究机构开展联合研究项目。利用第四届天津直升机博览会和第十七届北京国际航空展契机，与美国、法国、英国、俄罗斯、德国等 10 余个国家的 20 多家知名企业开展了合作洽谈。联合中国工程院借助北京国际航空展平台成功主办首届国际航空发动机论坛，组织开展高层次、高水平、高质量的技术交流。

七、机构调整和体制改革

2017 年，中国航发贯彻落实党中央、国务院有关要求，坚持聚焦主业，坚持深化改革，开展瘦身健体，压减管理层级，优化组织结构。对总部 12 个职能部门进行了优化调整，组建了集团园区办、北京公司、新闻中心、审计中心等，增设了成本价格处。逐步调整完善管理关系，集团产权层级由 7 级减少至 5 级。确定了集团二级单位股权梳理方案，逐项实施股权调整工作。强力推进投资清理，全年完成投资清理项目 73 个、压减企业 49 户，提前超额完成国资委压减任务；集团全级次并表单位由 157 户减少至 126 户。稳步开展“处僵治困”，基本完成 2 户“僵尸企业”处置，实现 2 户特困企业减亏。深入推进社会职能剥离，20 家所属单位签署“三供一业”分离移交协议 63 个。发布了厂办大集体改革总体方案。全面建设创新型集团，打破行政单位界限，组建 CJ1000A 等重点型号和共用关键技术联合攻关团队，推动科研生产有问题共同解决、有风险共同承担、有余量共同掌握、有成果共同分享的“四共同”落地生根；与国内外知名高校共建 9 个研究机构，加速协同创新发展；创新型号领导人员管理机制，试点重点型号总师专职化，减少总师行政事务负担，树立总师权威。不断优化劳动用工，推进机械化换人、自动化减人，全年用工总量减少 4500 人，技术人员占比提高至 28.47%。

（中国航空发动机集团有限公司）

中国航天科工集团有限公司

一、企业基本情况

中国航天科工集团有限公司是中央直接管理的国有特大型高科技企业，前身为1956年10月成立的国防部第五研究院，先后经历了第七机械工业部（1981年9月第八机械工业部并入）、航天工业部、航空航天工业部、中国航天工业总公司的历史沿革。1999年7月成立中国航天机电集团公司，2001年7月更名为中国航天科工集团公司，2017年11月改制更名为中国航天科工集团有限公司。航天科工现由总部、6个研究院、17个全资或控股公司构成。境内共有500余户企事业单位，分布在全国31个省、市、自治区。拥有包括8名两院院士、200余名国家级科技英才在内的一大批知名专家和学者，拥有多个国家重点实验室、技术创新中心、成果孵化中心以及专业门类配套齐全的科研生产体系。

近年来，中国航天科工集团有限公司始终坚持聚精会神搞建设、一心一意谋发展，经济持续保持了稳中提质、稳中向好的发展态势。主动适应经济发展新常态，积极响应国家“互联网+”和“中国制造2025”战略，认真谋划并大力推进智慧企业、专有云网、航天云网三大平台建设。特别是依托航天科工线下雄厚的科研与制造能力，倾力打造“互联网+智能制造”航天云网平台，推动形成“互联网+”新兴产业生态圈，为我国制造业企业提供方便、高效、开放，好用、管用、够用的线上线下互动全流程发展环境，努力提升中国制造能力和水平。航天科工连续11个年度在国务院国资委公布的中央企业负责人经营业绩考核中位列A级，位列世界500强第346位。

二、民用航空主要产品及发展情况

（一）无人机领域

中国航天科工集团有限公司积极打造“海鹰”品牌无人机综合解决方案，建设体系合理、功能齐全、技术先进、快捷高效的无人机及航空通用装备产业发展平台，形成无人机与配套系统、运营服务与解决方案相结合的发展模式，开发系列化产品HW－110、HW－210和HW－310无人机已成熟应用在国土测绘、海洋巡查、电力巡线、气象探测、应急救援、环保监测、森林防火、警用巡逻等多领域。2017年在市场充分调研基础上，结合现有无人机产品和技术基础，对小型长航时无人机、临近空间超长航时无人机等展开了研制工作，并积极开展水上回收、高速轮式起降、精确着网回收、垂直起降太阳能无人机和多机协同控制和组网等技术的攻关和探索研究。

（二）机载设备领域

1. 自主研制“机载北斗导航定位通信设备”

设备具备北斗短报文通信、北斗二代定位和GPS定位功能，兼容北斗和GPS两种卫星导航系统，可完成卫星信号的捕获、跟踪和解算，实现无源定位，该设备已通过随机适航验证，可应用于各型直升机、特种飞机、大型无人机、无人艇等。

2. 自主研制“特种飞机任务综合显示控制设备”

设备主要用于特种飞机任务系统各分系统的启动与关闭，实现各分系统的状态监控及控制管理，实现各分系统的数据、视频信息、音频信息综合处理、集中控制及综合显示等功能。

（三）高性能结构复合材料领域

中国航天科工集团有限公司积极推进航天高性能新材料在航空领域应用，致力于高性能结构复合材料和先进隔热保温材料领域的航空航天新材料创新及产业化。2017年成功通过中国商用飞机有限责任公司合格供应商审核，已完成 C919 项目 3 架份后机身后段、2 架份副翼铁、1 架份后机身前段复材零件、1 架份垂尾长桁复材零件、后机身后段许用值及副翼许用值试验件交付。积极参与 CR929 项目立项，与上海飞机设计研究院开展联合设计，完成了 CR929 项目信息征询函（RFI）提交；根据中国商用飞机有限责任公司宽体客机国际化的要求，与西班牙 Alestis 公司签订了合作备忘录。

（四）航空紧固件领域

进一步打造航空航天高端标准紧固件研制生产为核心主业的专业化公司，围绕高温合金、钛合金高端航空标准紧固件开发加强技术创新体系建设，按 AS 9100B—2004 国际航空航天质量管理体系强化内部管理，建设第三方独立运营标准紧固件研究检测中心和国内航空权威的新型涂层检测中心。截至 2017 年底，累计为 C919、ARJ21、MA60、AG600 等机型及多型号航空发动机，为近百家航空领域相关单位，配套百种标准、千余类规格的国产化高端标准及异型紧固件。

三、新产品开发

（一）无人机领域

2017 年开展了小型长航时无人机、临近空间超长航时无人机系统研制，并完成了原型机平台集成、调试和飞行试验验证工作。

（二）机载设备领域

2017 年研制“机载北斗导航定位通信设备”“特种飞机任务综合显示控制设备”等新产品，获用户好评。

（三）高性能结构复合材料领域

根据 C919 整体计划，配合商飞公司开展机身后段，副翼有关试验；完成了垂尾复合材料零件 PPM 试验及产品制造工作，完成研制交付。

（四）民机用紧固件领域

重点开展 C919、ARJ21 和 AG600 机型用紧固件的研发和配套，累计完成中国商飞 61 项标准，126 个规格（近 316 个批次）的产品研制工作；43 项标准产品进入中国商飞合格产品目录（QPL），其中 16 项标准产品获得工程批准书；5 种标准型号、20 个规高锁产品成功通过 ARJ21 试装机试验。

四、航空科研

2017 年航天科工加快推进重点项目培育步伐，组织所属单位围绕无人机、航空机载设备、高性能结构复合材料、民机用紧固件开展技术攻关、产品系列化工作，提升在技术开发、设备研制、系统集成、产品生产、适航取证等多方面能力：顺利完成小型长航时无人机、临近空间超长航时无人机系统研发；开展了“机载北斗导航定位通信设备”“特种飞机任务综合显示控制设备”等研制；完成 C919 项目高性能复合材料结构件研制交付；开展 C919、ARJ21 和 AG600 机型用紧固件的研发和配套工作；拓展西飞公司 MA60 民用机型，中国航发商发“CJ－1000”“CJ－2000”系列型号发动机配套。大力开展国际民用航空高端紧固件配套业务，与 GE 航空公司深化合作，通过了美国联邦航空管理局（FAA）审核，获得 GE 航空公司配套发动机用零部件批产件号 26 个，其中 2474M20P03 件号产品已成功装配至世界最先进的“Leap 航空发动机”。

（中国航天科工集团有限公司）

中国电子科技集团有限公司

一、企业基本情况

中国电子科技集团有限公司（简称中国电科）是经国务院批准、在原信息产业部直属研究院所和高科技企业基础上组建而成的国有重要骨干企业，是中央直接管理的十大军工集团之一。主要从事国家重要军民用大型电子信息系统的工程建设，重大装备、通信与电子设备、软件和关键元器件的研制生产。

中国电子科技集团有限公司所属二级成员单位48家，上市公司8家，分布在全国20多个省、自治区、直辖市。现有职工16万余人，有中国工程院院士11名。拥有国家级重点实验室18个，国家工程中心3个，国家级/部级质量检测机构21个，博士后科研工作站27个、流动站1个，拥有一批国内一流的中试线、生产线、装配线和机加工中心，形成了国内电子领域完整的研究、设计、试制、生产及试验能力体系，有完备的质量保证体系。在民用航空产业领域，形成空中交通管理系统、通用航空产品、航空电子产品、航空运营服务等4大业务体系，并取得了显著成绩，品牌地位逐年提升。

二、主要产品

中国电科主要航空产品包括航电、空管系统和设备，引进生产通用飞机等。航电、空管系统和设备方面，中国电科重点研发了空管自动化系统、机场场面监视系统、塔台全景模拟训练系统、机载通信导航设备、客舱系统、塔台集成显示系统、飞行流量管理系统、飞行环境监视系统、一次/二次监视雷达、气象雷达、多点定位系统、机场场面监视雷达、ADS－B地面站等产品，可以提供飞机航路、进近、塔台和机场场面的门到门解决方案。

三、产品开发与技术进步

中国电科围绕空中交通管理、通用航空、航空电子、航空运营服务等4大业务，全面拓展和提升民用航空产业领域的技术产品水平。在民用航电系统关键技术研究和开发领域取得重大突破，并有多项专利获得受理和授权。获得中国民用航空局颁发的《民用航空空中交通通信导航监视设备使用许可证》《民航空管自动化主用系统使用许可证》，核心设备和关键软件首家通过了民航局组织的第三方测试和评估。

低空空管方面，中国电科在低空运行领域实现了基于网络扁平化和数据驱动的一体化分布式系统架构，在飞行服务系统中集成并验证基于大容量高效融合技术的北斗RDSS系统、基于3G（WCDMA）的空地宽带通信系统和基于VoIP的语音组网系统；同时，中国电子科技集团有限公司在成都建设了中国第一个无人机运行示范区，开发的“飞云”系统获得中国民航局颁发的试运行许可证。

在民机航电系统领域，通过实施民机航电系统相关项目，掌握民机航电系统总体设计、设备研发、航电软件开发、系统集成、产品生产、适航取证等关键技术，建立起完善的民机航电系统研发和生产的质量适航管理体系，提升了民机航电系统及设备的设计开发、系统集成、生产制造、适航取证和服务保障等方面的能力。以C919大型客机项目为契机，构建航空电子产业平台，开展国际交流与合作，将国际先进的技术、成熟化的产品与国内需求相结合，大力推进国产大型客机航电系统的国产化进程。

此外，中国电科进一步向航空运营服务领域迈进，开展了航空维修业务，并取得航材分销商证书、航空运营人承修商证书、德国TMG发动机授权维修中心认证等多项资质认证。

四、国际经济技术合作

中国电科按照拟定的发展规划，确定了“通过国际合作高起点切入民用航空电子领域”的实施战略。2017 年，中国电子科技集团有限公司继续大力推进国际合作，与法国、美国等国的著名航电系统供应商开展的技术交流、经济与资本的合作顺利推进。

五、重大基础设施建设

中国电科在民品产业发展过程中，积极推进内涵式与外延式相结合的经营策略，从体制机制上，探索出一条国有资本、民营资本、地方政府资本互相融合的投资与资本运作的发展模式。

在成都，以中电科航空电子有限公司为依托投资建设了航电产业园。航电产业园 2017 年已竣工并全部投入使用，中国电子科技集团有限公司与国际一流航电企业、国内知名航空航天高校联合致力于打造西部民用航空电子产业基地，支撑西部科技发展。

在芜湖，以中电科芜湖钻石飞机制造有限公司为依托投资建设了通用航空产业园，引进了奥地利“钻石”飞机生产线，生产线已于 2017 年建成投产。中电科芜湖钻石飞机制造有限公司成为国内首家以国外 TC 为基础取得中国民航局 PC 证的通航飞机制造企业，并建成轻型通用飞机整机研发及系统集成应用国家地方联合工程研究中心。

（中国电子科技集团有限公司）

西安飞机工业集团有限责任公司

一、企业基本情况

西安飞机工业（集团）有限责任公司创建于1958年5月8日，隶属于中国航空工业集团有限公司，先后自主研制生产了30多种型号的军民用飞机，是我国大中型军民用飞机研制生产基地。公司业务涵盖军用航空、民用航空、工业制造、现代服务业，截至2017年底，拥有25家控股和参股企业，从业人员2.2万余人，2017年营业收入突破200亿元大关。

2017年，西安飞机工业（集团）有限责任公司获得省部级科技成果奖3项，获得中国商用飞机有限责任公司“C919大型客机首飞先进集体”及“2017年度优秀供应商”银奖；被中国两化融合服务联盟评为“创新型企业”；获“第二届中国军民两用技术创新应用大赛铜奖”；MA60飞机项目在民航传播峰会上获得了“一带一路建设奖”；在中国质量协会举办的第十四届全国精益六西格玛大会上，3个项目被评为“精益管理优秀项目”；在波音公司全球13000多家供应商中脱颖而出，被授予波音“年度供应商”奖。

二、主要民用航空产品

2017年，公司持续强化“新舟”系列飞机的设计研发、制造试验、市场销售以及运营服务能力。“新舟”系列飞机全年共交付1架，截至2017年底“新舟”系列飞机已累计销售交付104架。2017年末“新舟”系列飞机在手订单37架。ARJ21－700飞机部件组交付2架份。

2017年，公司转包业务平稳发展，全年共完成1845架份零部件交付，完成出口交付额3.1亿美元，同比增长0.3%。

2017年航空复合材料销售呈持续增长势头，全年实现销售收入56.5亿元，比2016年增加了4.5亿元，上升了8.7%。航空复合材料现有产品主要包括飞机结构件、发动机结构件、内饰件三大类。

三、产品开发与技术进步

2017年科技活动经费支出占全年营业总收入8%。获得71项专利授权，其中发明专利35项，2017年末拥有有效发明专利357项。2017年开展的重大民用航空研制项目有MA700涡桨支线飞机、C919大型客机、AG600水陆两栖飞机、ARJ21－700支线飞机等。

C919大型客机项目2017年成功完成襟翼、副翼数字化装配生产线商检并开出工装合格证，完成外翼翼盒装配生产线商检并开出工装合格证，中机身先进装配生产线也进行工装激光调试工作。顺利通过C919项目质量体系年度审核与特种工艺年度审核。

2017年，MA700项目开展了研制批材料风险采购，完成尾翼盒段摸底试验件交付，完成了研制批零件开工。2017年6月16日，MA700飞机中后机身舱门开口区结构强度摸底试验顺利完成。2017年12月7日，MA700飞机首批原型机数模获中国民航局批准。

MA60遥感飞机2017年3月9日成功首飞。2017年11月23日，MA600F货机中后机身疲劳试验完成19000次，超额完成项目目标，试验进入区域结构修理阶段，提前超额完成年度指标。2017年12月11日，MA600全机疲劳试验完成10000次目标达成进入修理检查阶段，累计完成63000次。

公司向上海飞机制造有限公司交付2架份ARJ21－700飞机部件，全面完成了全年交付任务；向上海飞机制造有限公司交付紧急订货零件202项、航材备件65项，为ARJ21－700飞机生产、运营提供了有力的保障和支持。

四、对外贸易与国际经济技术合作

2017年，MA700项目在尾翼壁板研制方面与奥地利 FACC 开展合作，签署了平尾、垂尾壁板的研制合同。

2017 年 1 月份 MA60 完成 1 架机转场交付至尼泊尔用户。

截至 2017 年底，“新舟”系列飞机在 4 大洲、18 个国家的近 300 条航线上平稳运营，累计飞行超过 44 万小时，41 万次起落，获得了 14 个国家的型号合格证，培养了飞行员、地勤维护人员、空乘人员、签派人员等航空专业人才 3000 余名，累计运送旅客突破 1000 万人次，搭建起繁荣的“空中丝绸之路”，得到了运营当地政府、人民的广泛认可和赞誉，扩大了中国民机品牌的市场影响力。

2017 年，国际航空零部件转包产品策划并贯彻了 AS9100 D 版标准，顺利通过第三方质量管理体系审核。“零问题”顺利通过欧洲适航与美国联邦适航局（FAA）的适航审核。2015—2017 年，与空客共同开展供应商质量改进计划（SQIP）项目 25 项，解决困扰项目发展的质量、进度、成本等方面问题。2017 年的 SQIP 改进项目在法国获得空客颁发的“最佳表现奖”，被空客树为 A320 机翼翼盒一级标杆供应商和值得信赖的供应商。

五、重大基础设施建设

（一）C919 大型客机研制保障条件建设项目

该项目已累计完成投资 5 亿元，其中 2017 年完成投资 0.36 亿元。截至 2017 年底，662 号动力站、370 号喷漆厂房及 618 号部装厂房（二期）已竣工交付，661 号 110 千瓦总站桩基施工。新增工艺设备累计交付 291 台（套），中机身总装数字化装配系统等 1 台（套）正在安装调试；中央翼数字化装配系统等 1 台（套）已招标。

（二）MA700 研制保障条件建设项目

该项目累计完成投资 1.7 亿元，其中，2017 年完成投资 0.32 亿元。截至 2017 年底，新建 101A 号试验机机棚、608 号综合试验厂房改造完工交付；新增工艺设备 715 台（套），已累计交付 422 台（套）。其中 2017 年完成民机总体设计分析软件、参数化成本估算软件、总体布置设计仿真软件等设备交付工作。

六、企业改制改革

2017 年，公司按照国务院国有资产监督管理委员会、中国航空工业集团有限公司要求持续贯彻集团瘦身健体要求，持续推进瘦身健体专项工作，剥离企业办社会职能，清理“三无”企业 1 户、处置“僵尸”企业 1 户，法人户数净减 6 户；签订了“三供一业”分离移交协议。公司优势资源进一步向航空主业集中。

（西安飞机工业（集团）有限责任公司）

哈尔滨飞机工业集团有限责任公司

一、企业基本情况

哈尔滨飞机工业集团有限责任公司，创建于1952年，是新中国航空工业最早的六大主机厂之一，是我国“一五”时期156个重点建设项目之一，是我国直升机、通用飞机、先进复合材料构件的主要研发制造基地，设有国家级技术中心及博士后工作站。公司位于哈尔滨市平房区，现有职工7000余人，占地面积467万米^2。

哈尔滨飞机工业集团有限责任公司历史上成功研制生产了我国第一架直升机直5、第一架轻型喷气轰炸机轰5、第一代大型水上反潜轰炸机水轰5等机型。改革开放以来，相继研制生产了直9系列直升机、HC120直升机、运12系列轻型多用途飞机，并与巴西航空工业公司合资生产了ERJ145支线客机及莱格赛650公务机。其中，运12飞机是我国第一个获得英国CAA和美国FAA型号合格证的飞机。公司现主要产品有直9系列直升机、运12系列飞机和运12F通用飞机，在研产品有AC352直升机和AC312C/E直升机。公司拥有先进的航空复合材料构件制造优势，与空客公司合资成立了哈飞空客复合材料制造中心，供应空客A350和A320系列飞机复合材料零部件，并承担了大型客机零部件的研制和生产任务。公司成立60多年来，已累计交付各类直升机、飞机2500余架，为我国航空工业和国防建设做出了重要贡献。

二、生产经营情况

2017年，公司实现民用航空产品收入11.7亿元，实现民用航空产品产值9.4亿元。

三、主要产品

（一）直9系列直升机

直9系列直升机是公司主要产品之一，该机在20世纪80年代同法国国家航空宇航公司签订专利技术引进合同基础上，经过国产化，改进、改型，现已形成军、民用两大系列。民用系列主要有换发型（H410A）、H425民用型、航空摄影型、海洋监测型、地质勘探型、防火救灾型等。直9系列直升机是我国发展最好、交付最多、用户最广，且唯一实现整机出口的直升机。

（二）运12系列飞机

运12飞机是20世纪80年代初公司自行设计制造的具有自主知识产权的轻型多用途飞机，已研制生产出多种型号。供应市场的是运12IV型和运12V型，19座级，最大起飞重量5670千克。运12系列飞机是中国第一种按照美国适航条例研制的轻型多用途通用飞机，取得了中国、英国、美国、法国、印尼、澳大利亚和新西兰等7个国家型号合格证。外销到30余个国家和地区，是我国出口数量和出口国家最多、适航水平最高、出口潜力最大的民用飞机，也是我国唯一在世界范围内形成运营机群的通用、支线飞机。

（三）运12F飞机

运12F飞机是以运12E飞机为基础，通过换装大功率发动机和对机翼、机身、起落架等改进设计，提高了飞机的飞行速度、商载能力和航程，改善了乘坐舒适性，降低了使用维护成本，在非增压座舱竞争飞机中处于先进水平。运12F飞机以其更优良的性能将扩大销售、拓宽市场、增加出口创汇，成为中、短途支线客运为主的飞机。运12F飞机于2015年12月取得中国民航局型号合格证。

四、产品开发与技术进步

公司在研产品主要为AC312C/E直升机。

AC312E型直升机是在AC312A（H425）型机的基础上，换装大功率发动机和综合航电系统，进行适应性系统改进的在研新型直升机，已完成首飞。

AC312C 型直升机是按照 CCAR－29（R1）的要求，并综合主要市场的使用需求，研发的双发轻型通用直升机。该机采用单旋翼、高置涵道尾桨、滑橇起落架和蚌壳式后舱门布局，可载客 10 人，最大起飞重量 4050 千克。具有寿命可靠性高、航电系统先进、座舱布局合理、构型快速转换、经济可承受性好等优势竞争力，具有优异的高温高原性能和良好的平原经济性。

五、国际经济技术合作

公司有着 30 多年的国际合作转包历史，通过风险合作、合资公司、转包生产三种模式成功融入了世界航空产业链。多年来，与美、俄、英、法等 10 余个国家在整机和大部件上开展了合作，对国际航空产品研发规律、管理理念和先进技术具有充分的认知。其中，与法国联合研制 H175/直 15 多用途直升机，是我国在直升机研制领域第一次与发达国家对等开展国际合作。与巴西航空工业公司联合组建了合资公司，生产 ERJ145 飞机，是我国第一次以合资方式与国外航空企业进行整机合作生产。与空客合资成立哈尔滨哈飞空客复合材料制造中心有限公司。

公司与空客直升机、英国 GKN 等公司有着直接的合作，现有直 15/H175 直升机、赛峰 F7X 短舱风扇罩、GKN 发动机短舱、哈尔滨空客合资制造中心等国际合作及转包项目。

（哈尔滨飞机工业集团有限责任公司）

中航沈飞民用飞机有限责任公司

一、企业基本情况

中航沈飞民用飞机有限责任公司成立于2007年8月28日，截至2017年底由中航飞机股份有限公司、沈阳飞机工业（集团）有限公司、沈阳航空产业集团有限公司、中航投资控股有限公司、中航飞机有限责任公司共同出资，注册资本62488万元人民币，母公司为中航飞机股份有限公司。

经营范围为民用飞机零部件的设计、试验、生产、销售及相关技术转让、技术咨询和进出口贸易；军用飞机结构零部件的设计、试验、生产、服务等。2017年底拥有员工2329人，资产总额31.2亿元。

二、生产经营情况

2017年公司实现营业收入118521万元，同比增长3.09%，实现利润总额3689万元，同比增长19.77%，出口交付额16175万美元，同比增长7.81%。

三、主要产品

公司与中国商用飞机有限责任公司、波音、空客、庞巴迪、赛峰等航空制造企业均建立了稳定的合作关系。主要产品涵盖了空客A320、波音737、波音777、波音787、Q400、C系列、ARJ21、C919、MA700等现役和在研民用飞机的主要机体结构部件，包括机身（含舱门）、尾段、发动机吊挂、机翼前缘、垂尾前缘、电缆、复材壁板、电源箱等产品。合作范围涉及设计、制造、试验、售后服务等民用飞机研制多个领域，此外公司还与以色列航宇工业公司（IAI）合作，承揽了波音767民用飞机的客机改货机结构件业务。

四、产品开发与技术进步

2017年，公司承担了波音777-9垂平尾翼尖及复材壁板的研制工作。波音777-9飞机是波音的新机型，公司从波音的工程设计阶段参与该项目的研制。针对设计问题，公司累计向客户提出38份工程询问/质疑，95%以上的设计问题获得波音采纳并进行了设计更改。在技术攻关方面，翼尖/楔形组件项目一次性通过波音现场审核；一次性获得“溶胶凝聚生产线、硼硫酸阳极化生产线”客户批准；攻克了大曲率整流罩零件拉深成型技术、封闭肋数控机加等高难度技术；壁板首次实现了关键材料铝蜂窝从三维数模到二维的展开，攻克了大尺寸铝蜂窝夹芯复合材料的制造难关及零件全数字化测量的技术难关，并于2017年9月22日成功交付了首架垂平尾翼尖及复材壁板。

公司还以竞标、联合设计、参研等多种方式参与了中航飞机有限责任公司、中国商用飞机有限责任公司的项目研制工作，多个项目已通过中期评审，取得了阶段性成果，得到了客户的赞誉。

信息化建设方面，公司在企业资源计划（ERP）系统、物流条码系统等信息化管理手段成功应用的基础上，陆续组织开发了生产信息管理系统（PIMS）、生产准备信息系统（PPIS）工装模块、实时清点系统（RCS）等生产管理软件，初步达到整合公司生产信息，提高管理效率的目的；建立了以VPM系统为核心，结合设计体系、标准及行业最佳实践，集成各类设计工具软件的研发设计平台；优化了ERP系统内外流程，建立并完善系统运维制度及考核制度，开展ERP大数据分析工作。

五、重大设施建设

C919后机身、垂尾自动化装配生产线设备已全部安装完成，工装已部分到货、安装，2018年全部到货并完成安装，拟新建18675米^{2}的装配厂房已完成了立项、环评、消防等工程规划许可审批前置流程，已进行到基础施工阶段。

（中航沈飞民用飞机有限责任公司）

成都飞机工业（集团）有限责任公司

一、企业基本情况

成都飞机工业（集团）有限责任公司（简称航空工业成飞），隶属中国航空工业集团有限公司。原名“成都峨眉机械厂”，代号为“国营第一三二厂”，是国家“一五计划”156个重点建设项目之一。公司创建于1958年10月18日，是我国航空武器装备研制生产和出口主要基地、民机零部件重要制造商，是国家和省市的重点优势企业。

公司地处四川省成都市青羊区黄田坝纬一路88号，拥有专用的机场和铁路货运线，毗邻成都火车西站，交通便利，物流畅通，公司占地近500万米^2，在册职工17000多名。

公司先后承接了麦道机头、波音757尾段、空客A320后登机门、G280公务机后机身以及波音787方向舵等项目的转包生产。在我国自主研发的大型民用客机C919项目、新支线客机ARJ21项目、国产的大型灭火水上救援水陆两栖飞机AG600项目中承担了机头的研制生产任务。

公司荣获了全国“五一”劳动奖状、全国文明单位、全国质量奖、全国实施卓越绩效模式先进企业、中国企业自主创新奖、中国制造业十大创新企业、中央企业先进集体等近500项省部级以上荣誉，是中国企业形象AAA级单位。

二、民用航空生产经营情况

2017年，民用航空项目生产交付2118架份，其中，美洲项目605架份，欧洲项目1367架份，以色列项目135架份，国内项目11架份。民用航空业务实现收入8.93亿元。

三、主要民用航空产品情况

公司民用航空产品主要包括国外转包项目和国内民机项目。

（一）国外转包项目

主要是波音737前登机门、波音787方向舵、波音747－8平尾、空客A320后登机门、空客A320前起落架舱、FX7壁板、G280后机身等国外转包项目。

（二）国内民机项目

主要是大型民用客机C919机头、新支线客机ARJ21机头、国产的大型灭火水上救援水陆两栖飞机AG600机头。

四、民用航空产品开发和技术进步

（一）产品开发

2017年，公司开发了G280公务机机头项目，并与以色列航宇工业公司（IAI）签署了合同。参与TA600项目、C919项目的分包研制工作，并积极响应中国商飞大型宽体客机CR929机头项目并参与其机头联合设计工作。

（二）技术进步

在C919项目上，通过与美国先进集成技术服务公司的合作，促进了公司在数字化装配生产线总体规划与设计能力方面的发展。

五、国际经济技术合作

参加亚洲公务机展，与NBAA协会和湾流、霍尼韦尔、柯林斯等公司进行了业务交流。参加西博会和第一届四川国际航展，在展会上展示了高仿真模型和宣传片，取得良好的宣传效果。

六、重大设施建设

民用飞机《复材件喷漆厂房建设议案》项目立项后，同时下达投资计划，投资额2600万元，建筑面积1800米^2。截至2017年12月底，该项目已完成主要工艺设备的招标工作，累计完成投资520.35万元。

2017 年 9 月，A350 项目超声 C 扫描检测系统交付，完成投资 36.18 万元。

七、企业改革改制

2017 年，公司对中航成飞民用飞机有限责任公司（简称成飞民机）增资，增资完成后公司占股 33.4110%，成为成飞民机第一大股东。按照《关于无偿划转中航成飞民用飞机有限责任公司股权的通知》（航空资本〔2017〕316 号）"在完成对成飞民机的相关股权调整后，管理权要与产权保持一致"，成飞民机 2017 年 12 月 21 日起作为公司控股子公司进行管理。

公司贯彻落实"1 + N"国家深化改革系列文件要求，制定了《公司 2017—2020 年全面深化改革指导意见》。发布公司流程体系顶层架构（L1 - L2），完成组织与流程适配及组织机构调整，推动组织机构由职能型向流程型转变，部门精简 7 个；在中国航空工业集团有限公司指导下，稳步推进"三定"工作。全面启动了 AOS 流程体系建设试点工作，开展了采购业务域流程建设，完成"飞机接装流程"等 4 个关键流程优化，完成基于流程的班组管理标准设计。

开展模式创新，构建基于准时制的集成供应链管理模式，持续优化计划、物流及供应商管理体系；推行"合同 + 订单"的成品采购模式，对 10 家供应商进行综合能力评估与指导，成品准时交付率同比增长 4.83%。稳步推进"三供一业"改革，签订了供水和物业管理分离移交框架协议，启动供水、供电改造施工。

（成都飞机工业（集团）有限责任公司）

中航成飞民用飞机有限责任公司

一、企业基本情况

中航成飞民用飞机有限责任公司成立于2007年8月23日。公司性质为国有控股企业，初始注册资金为5亿元，由中航飞机股份有限责任公司（持45%股份）、成都飞机工业（集团）有限责任公司（持40%股份）、中航投资控股有限公司（持15%股份）采用多元化投资方式组建而成；2015年，中航飞机有限责任公司增资3000万元，公司股权结构变更为中航飞机股份有限公司（持43.26%股份）、成都飞机工业（集团）有限责任公司（持38.45%股份）、中航投资控股有限公司（持14.42%股份）、中航飞机有限责任公司（持3.87%股份）等四家公司共同持股；2017年，公司注册资本由52014.40万元增加至82830.7528万元，公司股权结构变更为成都飞机工业（集团）有限责任公司（持33.4110%股份）、中航飞机有限责任公司（持27.1638%股份）、四川发展（控股）有限责任公司（持18.9816%股份）、成都先进制造产业投资有限公司（持11.3890%股份）、中航投资控股有限公司（持9.0546%股份）。

公司经营范围包括飞机零部件的设计、试验、生产、销售、货物进出口和技术进出口。

截至2017年底，公司具有在岗职工1248人，资产总额241452万元。

二、生产经营情况

（一）主要经营指标

2017年，公司营业收入全年实现121104万元，同比增长27.96%；利润总额全年实现3812万元，同比增长34.23%；工业总产值全年实现121946万元；工业增加值全年实现31013万元。

（二）主要产品

公司产品目标市场包括国内民机、国外转包等，主要产品分为飞机机头、舱门、活动翼面三大类，民机部件产品包括ARJ21新支线飞机机头、C919大型客机机头、“鲲龙”AG600机头、“新舟”MA700机头等。转包项目覆盖了波音737、波音747、波音767、波音787和空客A320、A321、A350等国际主流大型客机及法国达索F7X/F8X、F2000EX等国际主流高端大中型公务机。

公司积极开拓民机市场，参与国内、国际合作，是中国商飞（COMAC）、美国波音（BOEING）、欧洲空客（AIRBUS）、法国达索（DASSAULT）、美国沃特（VOUGHT）等国际知名航空制造企业的优质供应商。

三、产品开发与技术进步

作为国内较早跻身民用飞机生产和国外转包生产的航空制造企业，公司注重成熟技术的应用推广和先进技术的探索研究，尤其在飞机结构部件的数字化柔性装配技术、自动钻铆技术和数字化检测技术方面具有较强的技术研发能力和实际应用经验。

公司所拥有的飞机机头柔性装配系统、固定式压铆机、大型自动钻铆机及数控托架系统、激光跟踪仪、三坐标柔性测量臂、激光跟踪仪、激光雷达等飞机数字化制造和柔性装配关键设备为飞机机头类、机身类、翼面类多种型号产品研制提供了充分的科研保障。

科技成果方面，2017年公司完成了“大型壁板类组件数字化柔性装配技术”“国产大型灭火/水上救援水陆两栖飞机机头研制关键技术研究及应用”“民用飞机结构部件关键制造技术研究与应用”“C919客机机头数字化先进测量技术攻关”等课题的结题工作；完成了科技成果鉴定申请4项，专利申请15项，其中发明专利8项。

产品开发方面，2017年公司各新研/试制项目持续稳步开展。转包生产部分，公司完成了A320前登机门首件鉴定，A350扰流片首架交付等工作。国内民机部分，公司完成了AG600项目设计更改及首飞的相关配合工作，完成MA700机头项目工艺准备、材料采购及工装设计等工作。

四、重大设施建设

2017年公司主要围绕产业园二、三期工程建设及钣金热表中心投产、年度科研生产等任务进行统筹安排，具体完成情况如下。

（一）建安工程

完成产业园二期5A厂房尾款支付和产业园三期11#厂房的交付使用工作。

（二）工艺设备购置

购置数控蒙皮拉伸机、立体库2台（套）；购置五坐标蒙皮立体切割机、数控型材拉弯机、数控落地镗铣床等5台（套）设备。

五、企业改制改革

公司原为中航飞机旗下控股子公司，经2017年增资扩股后，变更为成都飞机工业（集团）有限责任公司控股子公司，并新增股东：四川发展（控制）有限责任公司、成都先进制造产业投资有限责任公司。

（中航成飞民用飞机有限责任公司）

中航通飞华北飞机工业有限公司

一、企业基本情况

中航通飞华北飞机工业有限公司是在原石家庄飞机工业有限责任公司的基础上，由中航通用飞机有限责任公司、中国航空科技工业股份有限公司、河北航空投资集团有限公司共同出资，增资扩股组建而成，为中国航空工业集团有限公司的成员单位、中航通用飞机有限责任公司的核心骨干企业，是航空工业通用航空产业的主要发展基地。

公司自成立以来，致力于通用航空全产业链、全价值链发展，积极推进产品创新、技术进步、产业升级、商业模式创新，促进高端制造业与现代服务业融合发展。公司通用航空全产业发展布局已经成形，旗下的通航公司业务快速发展，在国内通航业界发挥了先行先试的引领带动作用。

公司是以研制生产通用飞机为主的专业化主机厂，具有机加、钣金、钳焊、铆接、复合材料加工及飞机部装、总装、试飞等综合能力。公司长期从事通用飞机的研发制造及改进改型，积累了丰富的通用飞机研发、制造管理、适航取证、持续适航的经验和能力。公司已被定位为中国通用航空全产业发展示范基地、中小型涡桨、活塞飞机制造中心，飞机结构部件专业制造中心，华北通用航空运营中心，华北通用航空服务中心。

二、生产经营情况

受通用航空市场整体经济环境影响，公司调整策略，积极应对，开拓多元市场，保障公司经济运行平稳。2017 年工业总产值完成 45606 万元，工业增加值完成 12330 万元，营业收入实现 50032 万元，利润总额实现 364 万元。2017 年，全年生产交付各型飞机 16 架。

除了在通用飞机制造领域的发展，通航运营和服务产业发展持续进步。

河北中航通用航空公司短途运输业务取得良好进展。2017 年，实现在新疆、河北区域稳定运营，影响力持续扩大；人工影响天气业务有较大幅度增长；通过航空器代管的审定；完成了高原飞行的审定流程。

旗下内蒙古通航公司通勤航线数量大幅增长，其中，呼和浩特总部 4 条往返航线，呼伦贝尔基地 5 条往返航线，阿拉善基地 2 条往返航线。内蒙古通航公司依托航线运行，大力开拓空中游览等新兴业务，“城市游、景区游、航线游”，实现了“水上游”四位一体的游览新体验。

河北机场管理公司经营收入持续提升，获颁 A1 级通用机场使用许可证；新增三家驻场公司，车辆测试项目提升了机场的使用效率。

三、主要产品

公司通用飞机主要产品有运 5B 飞机、“小鹰”500 飞机、“海鸥”300 飞机、赛斯纳 208B 飞机、“国王”350 飞机等。运 5B 飞机仍然是中国国内通用航空市场的主力，是国内生产量最大、销售量最大、市场保有量最大和年飞行作业量最大的通用飞机机型，2017 年生产销售 5 架。

“小鹰”500 飞机是我国自行研制的第一架拥有完全自主知识产权的 4～5 座级通用飞机，是我国唯一严格按 CCAR－23－R2 航空规章进行设计、生产、试验试飞、取证的国产 4～5 座轻型飞机，填补了国内在此领域的空白。“小鹰”500 飞机通过不断改进改型已经成为国内小型通用飞机市场的主力机型之一，并出口东南亚、南非等地。2017 年生产销售 5 架。

“海鸥”300 水陆两栖飞机是中国首款具有完全自主知识产权的轻型水陆两栖飞机，填补了我国 5 吨级以下水陆两栖飞机的研制空白。

赛斯纳208B飞机是一种单发涡桨多用途飞机。飞机具有飞行速度快、商载大、可在未铺筑的跑道上起降、经济性好、可靠性高、维护简便等特点。受到短途客货运输公司，包机公司，航空快运公司，以及从事航空旅游、高空跳伞、航拍、人工降雨、应急医疗救援等业务的不同用户的亲睐，足迹也迅速从美国延伸到世界各地。高性能、低成本、多用途的赛斯纳208B飞机符合中国通勤航空发展的趋势，市场前景广阔。2017年生产销售4架。

“国王”350飞机作为涡桨飞机中的代表具有出色的短距起降性能，具备高品质的客舱管理系统，可以满足客户各式各样的长途或高技术任务需要。2017年生产销售2架。

四、产品开发与技术进步

公司致力于产品研发、改进改型。开展了“小鹰”500飞机换装综合航电项目、“小鹰”500飞机换装航煤发动机项目、运5B飞机换装涡桨发动机项目、运5B/“小鹰”500飞机平台改无人机项目、通用飞机低成本初级训练系统技术研究项目等。

五、国际经济技术合作

石家庄中航赛斯纳飞机有限公司PCE延伸项目实现FAA审核批准，赛斯纳208B飞机维修资质获得中国民航局批准后得到实践验证，“国王”350飞机维修项目已开始实施人员培训。交付越南、印尼各1架国产赛斯纳208B飞机，实现出口交付突破。合资公司持续发展为后续进一步开展新型号、扩展通航维修业务奠定了坚实基础。石飞公司完成交付南非航校2架“小鹰”500试用飞机，为拓展非洲市场奠定基础。

六、企业改革改制

落实国家军民融合发展战略，成为了河北省首批军民融合型企业；石飞公司获得河北省企业技术中心称号；石飞公司、机电公司获得国家高新技术企业认定。

（中航通飞华北飞机工业有限公司）

中国航发西安航空发动机有限公司

一、企业基本情况

中国航发西安航空发动机有限公司始建于1958年，是以资产为纽带，母子公司体制的企业。2008年11月，公司控股的“西安航空动力股份有限公司”正式成立，2014年完成重大资产重组，更名为“中航动力股份有限公司”，2017年更名为“中国航发动力股份有限公司”，重组更名后的中航动力股份有限公司成为我国最大的航空发动机及其衍生产品生产制造、维修基地。中国航空发动机集团有限公司成立后，公司正式更名为“中国航发西安航空发动机有限公司”。

公司是国内大中型军民用航空发动机研发生产基地，大型舰船用燃气轮机动力装置生产修理基地，新型环保能源领域研发基地，高技术加工制造中心。

二、生产经营情况

2017年，公司确定了“转型升级年”的工作主题，以及全面聚焦科研生产任务和改革创新、强力推进技术创新与管理创新、提高产品质量与工作质量、打造精干高效的人才队伍的工作目标。全年实现营业收入83.87亿元，实现民用航空出口交付额1.69亿美元。

三、主要产品

公司拥有较稳定的产品族群，在民用航空领域，主要以航空发动机及其衍生产品的零部件转包生产为主，产品涉及发动机压气机、燃烧室、涡轮、机匣等关键部件，包括盘类零件、环类零件、封严类零件、轴类零件、机匣类零件、涡轮叶片和压气机叶片，以及其他结构类零件等。产品的零件种类超过千种，为全球20多型发动机提供零件配套。

四、新产品情况

（一）民用航空发动机型号研制项目

2017年，在新一代民用发动机转包市场中，陆续取得Leap系列、Trent系列、GeNX等新型发动机的产品订单，保证了自身业务持续增长以及与世界先进制造水平的同步发展。与美国GE、加拿大普惠、英国罗罗等公司签署了长期采购协议，订单总额超过1.5亿美元。

（二）各重点型号研制进展

2017年，公司持续推进新品试制工作，首次成功向罗罗公司交付机匣，获得其高度肯定，并荣获罗罗公司“供应商快速响应奖”。与GE和赛峰集团开展合作的新一代民用航空发动机Leap系列发动机的低压涡轮盘产品，成功转入批产。与中国航发商用航空发动机有限责任公司签署战略合作协议，共同搭建民用航空发动机深度发展的战略合作平台，深入开展民用航空发动机相关研究工作。承担长江（CJ）系列发动机核心机燃烧室、高压涡轮、高压涡轮零组件及其性能试验件等试制工作，全年圆满完成长江系列发动机各项科研生产任务。

五、航空零部件转包生产

公司外贸转包产品多数属于航空发动机的关键件和重要件，工艺复杂、加工难度大、技术条件苛刻，是航空发动机制造技术领域的尖端零部件。近年来，面向国际航空发动机新工艺新技术，规划、建设了满足国际一流航空发动机零部件工艺要求的生产线，在加工、计量、检测等方面设备精良、设施齐全，掌握了对盘类零件、环形件、鼓筒轴、涡轮导向器前支撑(FINS)、精密铸造叶片、精密锻造叶片等近千种零件的所有加工工艺，在高效切削技术、电加工技术、喷涂技术、无损检测技术、热处理技术、焊接技术、多轴编程/加工技术、复杂型面扫描测量技术以及薄壁零件变形控制技术等方面达到国内航空制造一流水平。特种工艺继续保持 NADCAP 的 9 大项、33 分项的特种工艺认证。

2017 年，公司积极参与国际市场竞争，通过参与全球竞标、与客户签订长期协议等方式，开发新市场，加快订单承揽，围绕“客户、能力、合作、成本、速度”5 个方面，打造优质项目团队，提升交付表现，积极参与新型航空发动机研制，成为多家国际航空发动机制造商的重要合作伙伴。2017 年 9 月 8 日，成功向法国赛峰飞机发动机公司交付第 3 万个某型发动机低压涡轮盘。截至 2017 年底，已累计向赛峰公司交付超过 3 亿美元的多种型号发动机零部件产品。

六、国际经济技术合作

经过几十年的发展，公司外贸航空零部件转包生产取得突破性进展，客户遍布全球，先后与通用电气、普惠、罗罗、赛峰、摩天宇等世界主要航空发动机制造巨头建立了长期稳定的战略合作关系，主要产品涵盖了发动机压气机、燃烧室、涡轮等关键部件，包括盘、环、轴、机匣、叶片和结构件等零件类型，制造的产品装备在五十余种发动机上，是许多航空发动机零部件全球唯一供应商。

2017 年，公司加强与客户沟通交流，派代表团出访客户，了解客户需求、学习先进技术，提升生产制造实力。同时，接待了罗罗、通用电气等多家国际著名航空发动机制造商代表团来访，开展了技术交流，打造了良好的企业形象。

七、机构调整和体制改制

近年来，公司为了加速转型升级，对外贸业务的主力板块——国际业务分公司（简称动力国际）的组织机构进行重新整合，实现了资源配置优化、业务流程简捷、低成本高效率的运营。2017 年，根据客户、项目和产品盈亏状况，积极调整产品结构，扩大高附加值产品份额，减少低附加值产品，推动外贸业务逐渐由规模型发展向效益规模型发展转变。大力实施成本工程，进一步完善产品价格管理体系，将市场价格作为目标成本，逐级逐项分解成本要素，控制产品成本，不断提高企业盈利水平。

（中国航发西安航空发动机有限公司）

中国航发成都发动机有限公司

一、企业基本情况

中国航发成都发动机有限公司，创建于1958年，是国家“一五”期间156个重点工程项目之一，是以研制生产航空发动机及其衍生产品为主的大型国有企业。1958年建厂时厂名为“国营新都机械厂”，1986年经中国航空工业总公司、成都市工商局批准更名为成都发动机公司。1998年1月，经航空总公司批准和工商注册登记，更名成立了成都发动机（集团）有限公司。1993年3月，成立控股子公司四川成发航空科技股份有限公司（以下简称“成发科技”）。2011年11月，成发科技在上海证券交易所挂牌交易。中国航空发动机集团有限公司成立后，“成都发动机（集团）有限公司”于2017年3月更名为“中国航发成都发动机有限公司”，“四川成发航空科技股份有限公司”于2017年4月更名为“中国航发航空科技股份有限公司”（简称航发科技）。

中国航发成都发动机有限公司地处四川省成都市新都区蜀龙大道成发工业园，占地面积62万米^2，资产总额68.7亿元，在职员工5400余人。下设18个业务管理部门和3个中心（产品设计中心、工程技术研究中心、计量理化中心），拥有1个控股子公司（航发科技）、3个全资子公司、3个参股子公司。

中国航发成都发动机有限公司主营业务是航空发动机研发、制造、销售、服务和外贸转包生产，是多种航空发动机重点型号研制单位，是通用电气、罗罗、霍尼韦尔等国际知名企业航空零部件供应商。公司坚持走专业化发展道路，通过外贸提升技术能力，着力打造“三个中心、四大平台”核心竞争力，致力于技术创新，构建核心竞争力，全面具备了航空发动机研制、生产、试验和试车能力。经过近60年航空发动机及其衍生产品的生产，以及30多年外贸转包生产和技术积累，掌握了部分世界先进航空发动机制造技术和标准，机匣、叶片等制造技术达到国际水平，为国内军民用航空发动机研制生产奠定了坚实基础。

二、生产经营情况

2017年，公司全年实现营业收入24.75亿元，其中，外贸转包收入1.87亿美元。在民用航空产业方面，全年实现民用航空产品产值1.13亿美元，同比增长17.2%。

三、主要产品

公司民用航空产品主要有商用航空发动机风扇框架组合件、压气机机匣、燃烧室机匣、涡轮机匣、轴承机匣、蜂窝密封件、环形件、燃烧室钣金件等航空发动机零部件，覆盖通用电气公司的GE－90系列、CF－6、CF－34系列、GEnx系列、GP7200、LEAP、Passport20、GE9X，罗罗公司的遄达XWB、遄达1000、遄达7000、RB211、V2500、BR700系列及BR700NG等民用航空发动机型号，以及霍尼韦尔公司HTF7000系列、HTS900等航空发动机和131－9系列等辅助动力系统。

四、产品开发与技术进步

（一）产品开发

公司每年承担多个国际知名航空发动机企业的新产品研发试制。2017年启动国际商用航空发动机最新机型零部件试制181项，试制风险受控率100%。开展罗罗项目零件试制和同步工程，完成6个件号交付；开展通用电气航空零件试制，完成4项交付。公司加快外贸产品结构转型升级，通用电气航空产品逐步向整体和钣焊燃烧室机匣家族产品，以及风扇框架组合件延伸，罗罗产品向高中低压涡轮机匣家族产品包括整体和钣焊机匣并重方向延伸，霍尼韦尔产品向家族化零件及 APU 负载压气机单元体和风扇单元体延伸。

（二）技术进步

（1）掌握了“承力结构复杂空间截面电子束焊接”技术，同类零件焊接技术达到了国际先进水平。

（2）在“薄壁机匣高效加工”技术研究中，发明了一种阻尼夹具（已申请专利），可使薄壁机匣加工效率成倍提高。

（3）掌握了“整体叶盘振动光饰”技术，并在“真空充氩高频感应钎焊技术”研究中，实现了叶片阻尼台耐磨层钎焊的自主生产。

（4）钣金制造加工平台“无涂层火焰筒组件高效冷金属堆焊技术”，将燃气轮机燃烧室火焰筒外表面扰流器改进为表面逐渐焊接成型，相对传统工艺减少 34% 切削量，加工效率提高 4 倍。

2017 年，申报并获得国家知识产权局受理发明专利 30 项，其中 26 项获得国家知识产权局授权。

五、国际经济技术合作

公司通过与通用电气、罗罗、霍尼韦尔等国际知名航空企业的长期战略合作，外贸转包生产实现了合作模式从产品加工到同步工程的转变，产品从零部件到单元体的转变，角色从一般供应商到战略供应商的转变，积累了一套航空发动机机匣、叶片、钣金、轴类等零组件先进制造经验。热处理、焊接、无损检测、化学处理、涂层和非传统加工等 10 项特种工艺获得并保持了国际宇航组织 NADCAP 资格认证。2017 年，通过了 7 项 NADCAP 复审，其中材料测试、NDT、焊接等 4 项 NADCAP 资质获得两年有效期的最高奖励。

六、重大设施建设

为了高质量完成承担的商用航空发动机零部件试制任务，新增工艺设备和厂房投资，启动了数控外圆磨床、荧光检测线、轴类水浸超声波探伤系统、中温电炉、高温电炉、高压脱芯釜和超声波壁厚检测仪等工艺设备采购程序。同时，在航空发动机与燃气轮机国家重大专项中承担商用航空发动机研制项目，条件建设方案已通过初步评审，并提前启动部分急需的设备建设。

七、企业改革改制

2017 年，公司积极开展投资清理，压减管理层级，深入梳理管理流程和机构职能，对业务部门机构、人员进行了优化调整，完成了成都成发汽车发动机有限公司股权转让、普惠艾特航空制造（成都）有限公司减资退出、中航文化股份有限公司减资退出及成都前锋电器股份有限公司账务调整等 4 个投资项目的清理工作。

（中国航发成都发动机有限公司）

沈阳黎明航空发动机（集团）有限责任公司

一、企业基本情况

沈阳黎明航空发动机有限责任公司隶属于中国航空发动机集团有限公司，总部位于沈阳市大东区，占地面积 100 多万米^2。下设盘轴加工厂、机匣加工厂、钣焊加工厂等 11 个专业化生产厂，现有在岗职工 15800 余人，其中，中级职称及以上专业技术人员近 4000 人，全国技术能手 15 人。

二、生产经营情况

2017 年，公司实现营业收入 145.19 亿元，较 2016 年增长 6.03%。转包出口交付额 1.05 亿美元，同比下降 17.19%。

三、主要产品

公司主要业务涵盖航空发动机、燃气轮机的研制生产，其中，民用业务包括民用航空发动机及国际转包的研制与生产。

四、产品开发与技术合作

（一）转包业务

公司的国际转包业务始于 1981 年，最初和美国通用电气公司合作。2007 年，成立了国际业务与民机事业部，2014 年，国际业务与民机事业部全面改革，成立国际业务分公司。通过多年的对外合作，探索、学习了国际先进航空发动机企业的先进技术和管理经验，为军品主业发展提供了重要参考。国际转包主要产品供应通用电气（航空、发电、油气）、罗罗、斯奈克玛及西门子等公司，产品出口美、英、德、法等十余个国家，具备环形件、结构件、钣金件、机匣件、盘轴件、鼓筒件等多种类型零件的成熟加工经验，以及喷涂、喷丸、荧光、电子束焊等特种工艺能力。

2017 年，公司积极应对国际转包市场萎靡现状，依据中国航发转包发展“有所为、有所不为”的原则，不断优化产品结构，提升市场运作能力，在现有项目和产品外，积极拓展新机型、开发新产品，重点开发国际航空发动机市场更迭机型，获取更多市场占有率，保持项目的持续稳定发展。在现有 GE 能源、GE 航空等 10 个项目的基础上，不断拓展新客户、新市场、新产品。通过与国外客户技术交流，突破了大型薄壁机匣的变形控制技术、风扇盘、鼓筒制造加工制造技术、堆焊过渡段、KTIG 焊火焰筒技术等十余项核心技术并成功推广。

（二）长江系列发动机研制

公司自 2011 年开始参加长江（CJ）系列发动机研制工作，主要承担高压压气机和低压涡轮两大单元体以及相关零件试验件等的试制任务，负责锻造、精铸、热表、叶片、盘轴、叶环、结构件加工、以及单元体装配等生产任务。2017 年，累计交付 CJ－1000AX 项目高压压气机 7 台份、低压涡轮 3 台份、核心机后承力机匣 2 台份，完成相关部件试验件等试制任务；启动 CJ－1000A 和宽体客机发动机项目试制，完成了高压压气机和低压涡轮试验件部分零组件的配套任务。

此外，还参与“高压压气机整流器加工关键技术研究”“大客发动机高压涡轮前轴惯性摩擦焊技术研究”“GH4169D 合金电子束焊工艺研究”等多项关键技术攻关项目的研制工作。

五、国际经济技术合作

公司大力发展特种工艺技术，并以特种工艺技术作为国际合作的核心能力，其中喷涂、喷漆、钎焊等特种工艺技术已形成技术竞争优势。

2017 年 2 月，在新加坡举行的 2017 年罗罗公司全球供应商大会上，公司从全球 900 多家供应商中脱颖而出，喜获“最佳实践奖”。2017年5月，在贵州举办的罗罗公司中国供应商年会上，公司获得“零缺陷推进领导力奖”。GE油气项目也因良好的质量和交付表现获得了“优秀供应商奖”。

六、重大设施建设

2017年，公司按照总体部署，根据民机业务发展的形势和要求，扎实推进民机保障能力建设。完成大型客机发动机验证机 CJ－1000AX 研制保障条件建设项目可行性研究；完成 CJ－1000A 和宽体客机发动机条件建设项目建议书上报。

（沈阳黎明航空发动机（集团）有限责任公司）

上海飞机制造有限公司

一、企业基本情况

上海飞机制造有限公司（简称上飞公司）是中国商用飞机有限责任公司全资子公司和总装制造中心，注册资本 40 亿元。公司现有两大基地：大场基地主要承担 ARJ21 新支线飞机总装、交付和航空零部件转包生产等任务；浦东基地作为国产支线系列飞机、大型客机的制造基地，主要负责全机总装、系统集成和部分关键部件制造。

公司承担我国自主研制的 C919 大型客机、ARJ21 新支线飞机的总装制造任务，以及面向波音、空客等全球领先航空制造企业的转包生产工作，具有大型飞机总装能力、先进的部件对接技术、国际规范的测试和校验设备、可靠的质量保证体系。主要经营民用飞机等航空器及相关产品的研制、生产、改装、交付、销售、维修、仓储、服务业务，承接飞机零部件加工生产业务，经营本公司或代理单位生产所需原辅材料、设备、仪器、备配件、技术进出口业务及相关技术开发与技术咨询业务。

公司的发展战略是：围绕一个目标，即创建世界民机领域一流总装制造中心；运行两大基地，即大场基地和浦东基地；发展三大主业，即飞机总装集成、关键零部件制造、飞机维修与改装；做优四个体系，即成本管理体系、质量适航安全管理体系、技术管理体系和创新管理体系；做强五种能力，即装配测试能力、核心关键零部件制造能力、供应链构建与管理能力、飞机维修与改装能力、新材料新技术新工艺研发应用能力。

二、生产经营情况

2017 年，公司全年总收入 37.92 亿元，工业总产值 44.2 亿元，出口 8206 万美元。

三、主要产品情况

（一）C919 大型客机

2017 年 5 月，101 架机成功首飞，12 月 102 架机完成首飞。2017 年 4 月，首次研制的 103 架机中机身（含中央翼）部段实现下线并转架，完成了机头、前机身与中机身对接，基本完成 103 架机平尾外伸段长桁、肋及金属零件的制造，复材壁板 PPV 验证任务。104 架机正进行中央翼装配。

（二）ARJ21 新支线飞机

取得生产许可证，飞机批产有序开展。2017 年，交付 3 架飞机（含 1 架公务机改装）。

（三）CR929 宽体客机

实现项目可行性研究转段评审。完成项目制造总体规划。组建宽体客机项目总装制造团队，开展并行联合设计。补充完善复材积木式工艺研发试验规划，全年制造交付平板、曲板、框对接等 1243 件试验件。

（四）复材机翼

突破大厚度双曲率壁板自动铺带等关键技术，完成 14 米级全尺寸外翼壁板研制。实现 1:1 比例的中央翼和外翼复合材料零部件的制造装配。完成 148 件试样件级、2341 件元件级和 161 件典型结构件级试验件制造。完成复材机翼典型盒段下线和复材机翼全尺寸盒段装配。

（五）转包生产

每月交付波音 737 水平安定面 29 架、波音 787 着陆灯整流罩 12 架、空客 320 货舱门门框 28 架。2017 年，交付波音 737NG/MAX 水平安定面 340 架，波音 787 着陆灯整流罩 140 架，波音 777 背鳍 62 架，空客 320 货舱门门框发运 326 架。波音 747 前起落架舱门、波音 737 扰流板研制按计划推进。

（六）合资合作

伊顿上飞（上海）航空管路制造有限公司启动伊顿公司引擎管路维修维护服务业务，上海赛飞航空线缆制造有限公司已具备产品交付后在飞机上落实线束工程更改的能力。金属复材结构件项目方面，上飞公司、中国航空技术国际控股有限公司、吉凯恩集团三方于2017年9月签署合资备忘录。

四、能力建设与技术进步

（一）能力建设

固定资产投资项目建设方案获得批复30项。完成核心工艺设备8台（套）、复材机翼设备38台（套）合同签订。完成倒班楼（二期）初步设计编制，即将开工。体育场工程完工，技能人才实训基地、浦东基地ARJ21部装厂房完成主体结构施工。推进大客研保项目在建工程完工、工程验收及证照办理，完成57个单项验收。

（二）技术进步

建立2000万元科技创新资金池，成果转化率提升到68%。1项课题获上海市科技进步一等奖。上海民用航空复合材料结构制造工程技术研究中心通过验收。1项国家标准、6项行业标准立项，发布3项航空航天工具团体标准。申请专利70项，其中发明专利33项，获得授权专利16项，获上海市2017年“专利试点企业”称号。全年新编、升版工艺文件35182份。ARJ21项目实现工装定检周期从近30天缩短到5天的突破。推进首批5类10个ARJ21批产提速技术攻关落地。首次使用自动钻铆设备、自动化装配平台完成C919飞机103架机中机身（含中央翼）部段装配，机身单块壁板自动钻孔和自动钻铆率达到90%以上。独立完成飞机电缆集成测试程序的转化、实验结果分析及排故，自动导通率提高至80.26%。探索形成5种铝锂合金蒙皮新工艺绿色加工方法，实现大尺寸铝合金等直厚蒙皮零件的精确成形制造。

五、企业改革改制

发布《上飞公司2017—2019年发展纲要》。编制《上飞公司2017年全面深化改革工作计划》，完成23项工作。组建ARJ21事业部、C919事业部与复合材料中心。合并公司办公室、行政保障部；组建设备动力部、基建工程部，减少职责界面，优化资源配置。

（上海飞机制造有限公司）

空中客车（天津）总装有限公司

一、企业基本情况

空客（天津）总装有限公司由法国空中客车公司与天津保税区、中国航空工业集团有限公司组成的中方联合体共同建设的合资企业，坐落在天津市滨海新区保税区空港经济区内，占地面积约 60 万米^2，建筑面积约 11.4 万米^2，总投资 70 亿元。空客天津总装线依照空中客车德国汉堡最先进的飞机总装线进行建设，是继法国图卢兹和德国汉堡之后的第三条空客单通道飞机总装线，同时也是欧洲以外的第一条空客飞机总装线。

二、生产经营情况

空客天津总装线自 2009 年交付首架飞机以来，截至 2017 年底，已累计交付飞机 355 架，达到月产 4 架的生产能力。2017 年全年共交付飞机 55 架。

三、主要产品

空客天津总装线主要组装空客 A320 和 A330 系列飞机。总装线成功转产 A320NEO 机型和 A330 完成与交付中心建成投产后，主要生产空客 A320NEO 和 A330 飞机。

四、产品开发与技术进步

空客天津总装线二期合作计划正式确认，合作期延长至 2027 年，空客天津总装线将继续提高产能并已于 2017 年转产空客 A320NEO 飞机。空客 A320NEO 系列飞机是现款 A320 系列飞机的改进机型，安装新型高效发动机并配备空客最新的鲨鳍小翼，相比现款 A320，A320NEO 能耗降低约 15% 左右。

五、国际合作

空客 A330 完成与交付中心项目的开工建设，该项目位于空客 A320 系列飞机总装线厂区附近，工程包括飞机机库、喷漆车间等建设。2017 年 9 月 20 日，A330 完成与交付中心建设完成并投入使用，并于当日向客户交付第一架“天津产”A330 飞机，该中心主要负责 A330 系列飞机客舱内饰装配、喷漆、飞机试飞和交付等工作。A330 项目是空客在欧洲以外的首个宽体飞机合作项目，合作期限 10 年，2017 年 9 月至 2027 年底，该项目的建成投产使天津市成为继法国图卢兹、德国汉堡和美国西雅图之后，全球第 4 个同时生产单通道和双通道飞机的城市。

（空中客车（天津）总装有限公司）

通用电气航空（苏州）有限公司

一、企业基本情况

通用电气航空（苏州）有限公司是由美国通用电气公司投资的全资子公司，2007 年 1 月 8 日成立，注册资本 2200 万美元，主要从事生产组装、测试各类航空用零部件、组装部件、系统等产品以及售后服务。

二、生产经营情况

公司于 2007 年初正式投产以来，业务量不断提升，生产产品的种类、产品的附加价值、产品的复杂性、生产工艺的难度和广度、产品生产所涉及的物料品种的计划性和复杂性也有大幅度的提高。

截至 2017 年底，公司总资产 62415 万元。2017 年，实现销售收入 61365 万元，同比减少 17%，实现利润 8573 万元，同比减少 2%。

三、主要产品

公司主要从事以下产品的生产和制造：

航空发动机零部件主要产品包括飞机发动机叶片、前段保持架、燃烧室机匣，以及支撑环、环形圈、连接件、密封圈等，主要应用于 CF34，CFM56，GE90，GEnx 和 Leap 发动机。

复合材料主要产品包括飞机机翼机构板、装配件、密封板、飞机整流罩以及组件等，主要应用于空客 A320、A350 的机身和机翼部分。

四、产品开发与技术进步

公司重视技术进步和产品的质量，引进六西格玛、精益生产等管理工具，改进产品质量流程，促进了公司质量管理体系、内部流程体系完善，不断提高产品质量和提升工作效率。

五、重大设施建设

2017 年公司固定资产投入 7168 万元，其中 80% 是用于生产设备投入，主要用于 Leap 发动机项目零件制造以及空客 A350/A320 复合材料生产。

（通用电气航空（苏州）有限公司）

新宇航空制造（苏州）有限公司

一、企业基本情况

新宇航空制造（苏州）有限公司于2004年4月取得由华东管理局颁发的维修许可证。主要产品及业务方向为飞机零部件维修和检测，主要从事波音、空客民航飞机机轮、刹车和电瓶的修理和翻新，同时制造维修过程中使用的测试设备。

二、生产经营情况

截至2017年底，公司拥有总资产1885万元，实现工业总产值1550万元，主营业务收入975万元，利润85万元。现有职工30人，其中，工程技术人员15人，研究与试验发展人员5人，研发费用投入50万元。公司主要依据CCAR－145及公司维修管理手册和工作程序手册进行管理。

三、厂房设施和工具设备

公司占地面积30余亩，自有厂房和办公室总面积约4500米^2，其中维修车间占用面积约3500米^2，包括机轮刹车修理车间、附件维修车间、机械加工车间等；设备方面包括SCHENCK动平衡机、GE全自动涡流检测仪（wheelscan）、美国CLEMECO喷砂机、数控车床、机轮装胎机、刹车测试台等各种专业设备共90余台。

四、维修精品项目说明

公司主要维修各机型机轮刹车和飞机电瓶。2017年已完成各机轮/刹车的修理共892件，完成电瓶的修理325件，涉及机型包括波音系列、空客系列及公务机等，已与南方航空公司、海南航空公司、上海吉祥航空等建立维修合作。

机轮刹车维修设备方面：为保障维修质量，公司依据CMM手册从国内外引进各种机轮刹车维修专用设备，包括申克动平衡机、GE轮毂自动检测系统等。

另外，公司还具有机轮刹车部件特殊故障的深度修理能力，包括各机型机轮轴承杯更换，以及轴承杯座孔加大修理；刹车扭力臂衬套的更换与修理；各机型刹车扭力筒的焊接修理；各机型刹车静盘骨架的焊接、校平修理。

（新宇航空制造（苏州）有限公司）

威海广泰空港设备股份有限公司

一、企业基本情况

威海广泰空港设备股份有限公司成立于1991年，位于山东省威海市，是一家集空港设备、消防装备、消防报警设备、特种车辆、无人飞行器等产业于一体的多元化集团。公司于2007年1月在深圳证券交易所上市，是国家创新型企业、国家技术创新示范企业、商务部认定对外援助物资项目总承包企业，拥有“国家认定企业技术中心”“国家空港地面设备工程技术研究中心”及“航空地面装备国家地方联合工程实验室”，设立博士后科研工作站。

空港设备业务主要从事各类航空地面设备及配套产品的开发、设计、生产、销售及相关技术服务及培训、检测。无人飞行器业务主要是无人驾驶航空器的开发、销售、技术咨询及服务等。

公司拥有员工总数2000余人，其中技术人员310多名，包括“泰山学者”1名，高级职称人员38名，中级职称人员112名。下属主要子公司北京中卓时代消防装备科技有限公司、营口新山鹰报警设备有限公司、天津全华时代航天科技发展有限公司、威海广泰特种车辆有限公司等。

二、生产经营情况

2017年，公司加大国际市场的开拓，成为联合国长期供应商；成为DNATA总部的供应商。

2017年，公司完成航空产业营业收入91711.30万元，同比增长14%。

三、主要产品构成情况

空港设备业务包括机场用集装箱/集装板装载机、飞机牵引车、飞机用电源、飞机气源车、飞机加油车、飞机除冰车、行李传送车、飞机客梯车、飞机食品车、旅客摆渡车、飞机空调车、飞机清污水车、除雪车、行李牵引车、冷吹车、抛雪车、消防车等，产品达36个系列323种型号，覆盖机场的机务、地服、货运、场道维护、油料加注和客舱服务6大作业单元，能为一架飞机配齐所有地面设备。公司产品遍布中国各大航空公司、机场、飞机制造公司和中国飞行试验研究院，出口到亚洲、欧洲、非洲、南美洲和大洋洲的60多个国家和地区。

无人机业务主要从事无人机的研发、量产、销售、培训及飞行服务。主要产品包括“猎鹰”固定翼无人机、“鹈鹕”固定翼无人机、“双头鹰”固定翼无人机、“太阳神”八旋翼无人机、“天翼”六旋翼无人机、系留平台等工业无人机产品。

四、产品开发与技术进步

公司结合市场发展方向，加大新产品研发力度，挖掘潜在市场的需求，完成集团重大新产品的研发和前瞻性产品的储备。截至2017年底，公司拥有空港设备行业专利166项，其中发明专利42项，实用新型专利114项，外观专利10项；拥有无人飞行器行业专利32项，其中发明专利15项，实用新型专利12项，外观专利5项。

2017年公司以信息化、数字化、智能化、产品精细化设计为研发方向，全面提升产品性能与质量。2017年度新取得专利16项，其中发明专利2项，实用新型专利13项，外观专利1项。2017年度航空地面服务业务开发新产品44项。

无人机业务完成两型固定翼无人机设计优化，自主研发的高速固定翼无人机飞控系统完成了设计验证。“猎鹰”无人机通过试飞达到定型状态。

五、重大设施建设

2017年建成全华时代无人机项目天津基地，改善了公司无人机项目的研发、生产、测试环境，提升了公司无人机的产能。

（威海广泰空港设备股份有限公司）

武汉航达航空科技发展有限公司

一、企业基本情况

武汉航达航空科技发展有限公司创建于 2000 年（前身襄樊航达），于 2004 年 12 月迁入武汉，是专业从事通航飞机机载附件、机场加油设备研发、生产、维修的高新技术企业。

公司总部坐落于武汉东西湖区，厂房面积约 21000 米^2；起落架大修厂位于安陆市工业园，厂房面积约 23000 米^2；长沙分公司位于湖南省长沙县经济开发区，厂房面积约 1800 米^2；杭州分公司位于浙江省杭州市萧山区瓜沥镇临港工业园，厂房面积约 3000 米^2；石家庄分公司位于河北省石家庄市正定县正定国际机场河北航空南基地，厂房面积约 2000 米^2；武汉航达控股子公司昆明航汇科技有限公司位于云南省昆明市经开区春漫大道 68 号，厂房面积约 4000 米^2。

公司重视技术积累和研发投入，已经成为多种国产飞机的系统供应商，为直升机和 ARJ21、C919 等国产商用飞机提供系统与零部件；是 CAAC（D300023）、FAA（X0WY477Y）、EASA（EASA. 145. 0434）批准的维修站，并得到美国、欧盟、印尼（145/43200）、越南（VN－245NN/CAAV）、泰国（398/2550）、韩国、印度、马来西亚等国家批准以及中国及其港澳地区民航管理部门三方联合认可（JMM010）；公司开发了螺旋桨、发电机、作动器等通航附件的大修能力，其中飞机螺旋桨维修能力已取得 MT－propeller 授权；公司积极与国际知名 OEM 合作，已与美联技系统、霍尼韦尔、梅吉特、赛峰、利勃海尔、派克、伊顿、波音等公司建立了备件供应与技术支持以及授权维修等合作关系。

二、生产经营情况

2017 年，公司飞机附件承修 49000 余件，起落架大修厂承修 100 余套起落架，产值 11. 55 亿元，较 2016 年的产值 9. 9 亿元增长 16. 7%。

三、主要产品

公司已有 5000 多项附件维修项目以及表面处理、焊接、NDT 的特种工艺能力，在液压、气动、燃油、飞行操纵、机载应急设备、起落架、机轮/刹车、仪表、发电机、电气和发动机等附件的维修方面积累了丰富的经验，业务范围涉及波音系列、空客系列、庞巴迪 CRJ、巴西航 ERJ 等多个机型的各类附件。

运用飞机燃油技术研制了 FR 系列栓式机场地面加油设备，包括成套的地井、地井阀、软管接头和飞机压力加油接嘴等系列产品。

为 ARJ21、MA60、C919 配套生产系列拉杆、制冷冲压风门、应急冲压风门等部件，成为国内少数几家独立为 C919 配套的民营企业之一。近年来，典型产品配套如下。

（一）风门组件

公司研发了 C919 飞机制冷组件/应急通风冲压空气风门制冷组件，主要由风门进气道、前后调节板等组成。产品已通过验收，并顺利完成了 3 架机的装机。

（二）拉杆

公司开发的 C919 飞机拉杆包括空调系统拉杆（24 种）、燃油拉杆（1 种）、惰化拉杆（2 种）、电源拉杆（3 种）、飞控高升力拉杆（1 种）、结构后缘襟副翼拉杆（10 种）、应急离机扶手拉杆（15 种），C919 单机安装航达公司开发的拉杆共计 158 根。

系统拉杆和结构拉杆应用于大飞机空调组件、加油设备载荷传递、惰化管路载荷传递、配电盘箱、襟副翼系统、机翼后缘。其中，公司设备部为满足空调拉杆的铝合金热旋压成形技术开发了一套专用设备。截至 2017 年底，系统拉杆和结构拉杆已全部通过试验验收，顺利完成了3架机的装机。

（三）起落架、舱门等零件的制造

针对C919飞机起落架零件（10项）、舱门零件（57项）、飞机惰化/燃油系统NACA通气口（2项）、环控系统风扇进气口SCOOP、平尾套筒等高端关键零部件，武汉航达航空科技发展有限公司创新团队钻研制造领域的先进技术，开展大量的核心工艺技术攻关和产品试制工作，顺利保障了交付任务。

（四）干燥器组件

干燥器组件是C919飞机空气管理系统配套的一个子系统。

（五）压力平衡阀

压力平衡阀作为飞机货舱中一个较为重要的零部件，安装在飞机货舱天花板上，保护三角区同货舱内压差在可接受的范围内，防止该压差损坏货舱结构或者防止正常起降过程中触发压板。

（六）卡箍标准件的研制

公司已研制成功V形卡箍组件，用于某运输机引气系统高温高压导管连接的V形卡箍组件已批产，并为中国航空工业第一飞机设计研究院、西飞公司配套。为了与C919飞机项目配套，公司正在开展适配C919飞机V形卡箍组件、燃油管路卡箍的研制。

四、产品开发和技术进步

公司以航空技术为依托，发挥多专业优势，加快核心技术向生产力转化步伐，公司已开展CR929飞机电环控系统、大功率发电机等项目的预研。

（一）多电环控系统开发

完成了大流量高功率高转速电动风扇的研制，完成了新型可变效率、功率、流量压气机的研制及CFD仿真分析，完成了高压比压气机叶轮及高膨胀比涡轮叶轮CFD仿真及试验对比分析。

（二）高功率起动发电系统

包括250千伏安主交流起动发电系统、APU225千伏安交流起动发电系统、150千伏安直流起动发电系统。该项目实现了民用大功率航空起动发电系统的技术产品研制，完成了大功率交流起动发电系统电磁仿真、结构强度设计等工作。

（三）C919防冰伸缩管

防冰伸缩管用于连接机翼防冰供气管路和笛形管，补偿缝翼下放运动形成。该产品的研制实现了薄壁钢管的加工成型技术以及提高了焊接技术。

（四）C919风门组件

风门组件采用复合材料和机加工艺生产，严格按照上海飞机设计研究院标准材料设计研究部出的工艺标准进行相应的表面处理、热处理等。已完成了减重设计优化，正在进行新构型产品加工，于2018年底交付。

公司已取得各类专利项目30项，包括直升机电动绞车恒载荷控制性能试验平台，一种旋转液压阻尼器性能测试平台，涨套式轴承拉拔器和一种直升机农用喷洒设备等。

五、重大基础设施建设

2017年5月，航达航空科技产业园项目正式开工，项目占地196亩，总投资18亿元，拟新建工艺技术综合楼、机加、起落架、通航发动机大修、热表处理等车间，总建筑面积18.86米^2；购置安装发电机测试台、坐标磨机床等生产及检测设备1800台（套）；配套建设给排水、供电、安全、环保设施等。

建设规模：研制生产飞机液压、机电等机载附件10万台（套），维修飞机起落架等附件10万件。截至2017年12月底，已完成投资1亿元。

（武汉航达航空科技发展有限公司）

深圳市大疆创新科技有限公司

一、企业基本情况

深圳市大疆创新科技有限公司成立于 2006 年，是全球领先的无人飞行器控制系统及无人机解决方案的研发和生产商，现有员工 12000 多人，客户遍布全球 100 多个国家。

公司现为国家高新技术企业、国家重点软件企业。公司先后获深圳市“市长质量奖提名奖”、深圳市科学技术奖专利奖，以及中国民营企业制造业 500 强及广东省百强民营企业称号。

二、生产经营情况

公司 2017 年实现销售收入 180 亿元。公司研发投入逐年增加，2015—2017 年研发费用支出分别为 2.4 亿元、6.3 亿元、10.2 亿元，占年度销售收入总额的比例分别为 10.88%、22.32% 和 20.65%。

三、主要产品

公司的产品线涵盖高端无人机飞行控制系统及地面站系统、专业影视航拍飞行平台、顶级商用云台系统、高清远距离数字图像传输系统、专业级无线遥控和成像终端以及高度智能的模型飞行器产品。

四、产品开发与技术进步

2017 年，推出首款具备工业防护等级的 M200 系列飞行平台，可广泛应用于航拍数据收集、巡检等行业应用，为用户提供强大的功能和更多针对行业应用场景的精准服务。精灵 Phantom 4 Advanced 采用机械快门降低拖影，关键性能与同级别的地面相机相当。如“影”2 云台系统的负载能力、动力系统、稳定性等核心功能得到了全面提升。DJI Goggles 飞行眼镜，凭借其富有沉浸感的画面，提升飞行器操控效率及人机互动体验。“晓”Spark 掌上无人机实现了障碍感知和机器视觉的结合。“禅思”Zenmuse X7 云台相机为电影拍摄设计了紧凑型 S35 云台相机。大疆 MG－1P 系列农业植保机，采用第二代高精度雷达，配置全新喷洒系统，支持一控多机，可有效提升作业效率和安全性。

公司始终将技术创新中的产学研合作视为提升企业研究开发新技术、新产品的能力，提升企业竞争力的重要途径。公司一直与包括清华大学、香港科技大学等在内的全国高校、院所保持紧密的校企合作，共同谋发展、一起求进步。

作为国家级高新技术企业，公司一直非常重视知识产权的创造、管理、实施与保护工作，坚持以自主创新作为公司的经营方针，积极创造自主知识产权，并形成了知识产权保护的立体网络。公司自成立之日起就着手进行知识产权的相关申请工作，国内外专利年均申请总量保持 2～3 倍的增长速度。截至 2017 年底，专利申请量达到 6000 多项，已授权专利达 2200 多项，连续两年入围国内企业 PCT 专利申请量排名前十。公司创新已获得深圳市专利奖、广东省专利金奖、中国发明专利优秀奖、中国外观设计金奖、中国商标金奖、马德里特别奖、商标创新奖和深圳市知识产权优秀企业等荣誉称号。

五、重大设施建设

公司正在建设天空之城总部基地，总建设规模约 11 万$米^2$，实现企业总部基地、无人机设计研发、展览展示、科技创新公共平台、电子商务一体化。

（深圳市大疆创新科技有限公司）

广州飞机维修工程有限公司

一、企业基本情况

广州飞机维修工程有限公司（GAMECO）成立于1989年10月，总部位于广州白云国际机场，注册资本6500万美元，是由中国南方航空股份有限公司、和记黄埔飞机维修投资（香港）有限公司以及南华国际飞机工程（香港）有限公司共同合资经营，其中中国南方航空股份有限公司持有50%的股份，南华国际飞机工程有限公司、香港和记黄埔飞机维修投资有限公司各持25%的股份。公司现有员工人数5000多人，其中大专学历以上员工占78%，是广东省高新技术企业、广州海关AEO企业、广州市劳动关系和谐AAA级企业。

公司拥有中国民航局（CAAC）、美国联邦航空局（FAA）、欧洲航空安全局（EASA）等20个国家和地区适航当局批准的民用航空器维修许可证，具备飞机大修及改装、航线维修、附件维修、工程技术服务、航材管理服务和培训服务等全面的维修服务能力。

除广州总部以外，公司还在重庆市、广东省清远市设立了分公司，在上海市浦东机场设立了维修站，开展飞机航线维修、飞机机载设备（起落架）维修业务。2017年12月注册新西兰分公司，2018年2月注册澳大利亚分公司，在澳大利亚和新西兰3个机场开展航线维修业务。

二、生产经营情况

2017年，公司完成100多架次C检，平均准时出厂率达到86.05%，公司通过提前工作准备，优化工艺进程，大力推行定检前飞机客舱预检工作，减少进厂后客舱项目订货时间，提高客舱项目工作效率。2017年通过持续关注和监控飞机吻合率、完成率，为APS管理理念的“施工有序”“工作有标准”服务，实现对整架飞机定检工作的全程跟踪和效率控制。

三、主要产品

公司的主要业务是为中外航空公司提供高质量、快捷及经济的飞机维修服务，经营范围包括：航线和周期性维护及特种检查；结构修理及零件翻修；APU及发动机热部件、冷部件检修以及单元体更换和检修；适航及服务改装；飞机损伤修理；飞机翻新、喷漆、内部装修；提供特种车辆服务和维修，地面设备修理、制造及零备件加工；外来加工，外来咨询，外来培训及其他技术工程；航空器材进出口销售；航空器材仓储、工具设备租赁及自制专用工具设备销售。

公司飞机维修业务所涵盖的机型包括波音737/747/757/767/777/787系列，空客A300/A310/A320/A330/A380系列及EMB145、E190等国内常见机型。

公司附件维修能力覆盖液压、气动、燃油、飞行操纵、机载应急设备、起落架、机轮/刹车、无线电、机载计算机、仪表、娱乐系统、发电机、电气附件等几乎全部附件种类。

四、产品开发与技术进步

在科技创新方面，公司2017年全年立项开展各类科技研发创新项目共62项；新申报专利申请17项，计算机软件著作权登记6项；4项科技创新成果被认定为2017年度广东省高新技术产品；顺利通过了广州市企业研发机构、广东省工程技术研究中心认定。

五、重大基础设施建设

公司于2017年筹备建设三期机库、飞机附件维修基地、飞机PMA零部件制造车间。

（广州飞机维修工程有限公司）

深圳中集天达空港设备有限公司

一、企业基本情况

深圳中集天达空港设备有限公司（简称中集天达）成立于1992年7月，注册资本为1350万美元，隶属于中国国际海运集装箱（集团）股份有限公司（简称中集集团），是从事空港设备和现代物流设备开发、设计、制造、咨询及维修的专业化公司。公司现有员工997人，其中研发人员约300人，占总人数30%左右。

主要产品有全系列旅客登机桥、港口旅客登船桥、机场航空货物处理系统、旅客行李处理系统、飞机泊位引导系统、站坪特种车辆（摆渡车、食品车、升降平台车和军用货物装卸运输平台等）、自动化仓储物流系统、自动化立体停车系统等。

截至2017年底，公司已为全球80多个国家的200多个机场提供了4000多台品质优良的登机桥产品及众多航空货物处理系统设备，登机桥国内市场占有率达90%以上，占全球市场份额近40%。

在航空货物处理系统领域，公司也承接了国内外数十个机场的航空货物处理系统项目，其中包括全上海浦东机场货运处理系统和全球规模第三大的广州新机场南航货物处理系统。

在机场特种车辆领域，飞机升降平台车、除冰雪车、食品车等也取得了良好的市场业绩，并在大型机场设备的国际市场树立了中国的民族品牌。

除机场地面设备外，凭借丰富经验和综合技术实力，公司将业务延伸至自动化物流集成系统、立体停车系统等领域，取得了一定的市场业绩，打造了良好的品牌形象。

从2012年开始，公司陆续收购了机场摆渡车生产商民航协发，2013年收购了机场平台车生产商法国AM公司，2014年反向收购了机场行李系统生产商新加坡德利国际公司，公司业务板块正逐渐扩大，向国际化大企业迈进。

二、生产经营情况

公司2017年营业收入11.31亿元，净利润0.97亿元。

公司迁址后建成了中集天达工业园，生产设备水平大幅度提升。园内建有登机桥结构制作车间、登机桥装配车间及其他综合配套设施，生产场地以及智能化水平极高。

生产设备主要包括焊接机器人系统、材料预处理设备、大功率数控激光切割机、等离子切割机、立体仓库、立体货柜、转台顶底盘焊接变位机、旋转支架焊接变位机、接机口焊接变位机、通道顶底盘焊接变位机、通道翻转焊接线、通道侧板焊接线、登机桥装配线、各种工位工装等，这些设备的投入使用在大幅度降低能耗的同时，大大提高加工效率和加工精密度，在降低成本同时，提高产品的产能和质量，增加产品附加价值；增加了工程气站以及压缩空气车间等生产配套设施，保障生产设备能源供给；在软件配套方面，对PDM、PLM、信息系统进行改造升级，完善了公司对于物料编码、产品生产周期的管理，通过信息化的手段不断强化企业的核心竞争力，促进企业提高研发效率，缩短产品生产周期。

三、产品开发与技术进步

为更好地集中人力、物力等进行研究开发，公司成立了运作事业部PBB研发部，包括液压系统CAE和技术组、机械装修和设计组、新产品和标准化组及VIDGS组。

公司获得授权和在申请的各项专利有437件，已获得242件专利。

四、国际经济技术合作

公司登机桥产品现已销售全球各地，为智利圣地亚哥机场、沙特艾卜哈（Abha）机场、阿姆斯特丹机场、澳大利亚墨尔本机场、比利时布鲁塞尔机场等国内外知名机场共计提供520多台登机桥。截至2017年，公司已将登机桥产品打入全球264个机场，其中国际机场123个，覆盖70个国家/地区，国外业务占比达到50%。

（深圳中集天达空港设备有限公司）

珠海保税区摩天宇航空发动机维修有限公司

一、企业基本情况

珠海保税区摩天宇航空发动机维修有限公司（简称珠海摩天宇），是中国南方航空公司与德国 MTU 航空发动机公司（MTU Aero Engines AG）各出资 50% 共同组建的中外合资企业。珠海保税区摩天宇航空发动机维修有限公司落户于珠海保税区，总投资 1.89 亿美元，合资期限为 30 年。自 2003 年 1 月正式营运以来，已先后获得中国民航局（CAAC）、欧洲航空安全局（EASA）、美国联邦航空局（FAA）、日本民航局（JCAB）以及巴西、沙特阿拉伯、印度尼西亚、印度、越南、泰国、菲律宾、智利、卡塔尔、新加坡和马来西亚等国家的适航维修许可证。公司的客户遍布中国、亚洲以及欧美各国。珠海摩天宇占地总面积达 156000 米^2，建筑面积为约 42000 米^2，截止到 2017 年底在册员工 825 名。

二、主要产品和服务

公司的主要产品包括 V2500 - A5 和 CFM56 - 3、CFM56 - 5B、CFM56 - 7B 四个型号发动机的维护、修理和翻修。除了发动机的修理和翻修外，公司还向客户提供多种附加服务，如备用发动机租赁、现场及在翼维修、航线可更换件（LRU）支持和 24 小时航线应急支援（AOG）。

公司提供的服务包括 V2500 和 CFM56 系列发动机的改装、升级、修理和大修、向原 OEM 保修索赔（新发动机保修期内）、发动机零部件修理、现场技术支持、工程技术支持、24 小时/365 天航线应急支援（AOG）、备用发动机租赁、AOG 备件服务、量身定制的维修方案、发动机在翼服务、起飞排气温度（EGT）裕度检测等。

三、产品开发和业务规模

公司于 2001 年 4 月取得营业执照，同年 5 月工程正式动工并于 2002 年 11 月主体工程竣工；2003 年，第一台 V2500 及第一台 CFM56 - 3 发动机相继进厂维修，标志着工厂正式投产营运。2006 年，第一台 CFM56 - 5B 及第一台 CFM56 - 7B 的进厂维修，公司具备了维修 CFM 全系列发动机的能力。2008 年中，公司迎来了第 500 台发动机的进厂。2012 年 11 月完成厂房二期扩建工程项目，产能达到年维修 300 台发动机。2014 年，公司开发了 CFM34 - 10 发动机的在翼维修能力。

最近几年，公司不断深化全球化市场布局和资源整合，关注中东、美洲、东亚和 东南亚等市场的扩张机会，力推企业战略和战术层面的工作协同，从“组织、资源、效率”入手，推进公司组织架构、产品、生产流程的优化，提升了公司的业务管理和资源运营效率；稳步推进发动机的租赁业务，开展发动机小时保修的服务新模式，加大科技创新和投入，进一步推进公司国际化进程。公司计划开展新一代发动机型号的维护、维修及大修能力。2017 年公司修理了 288 台发动机，产值 67.35 亿元，较 2016 年增长 34.16%。

四、国际技术合作和核心技术能力

为突破发动机维修的技术壁垒，提高维修能力，公司与 MTU 集团旗下的 6 家企业在资源、能力、技术、管理、营销、服务、人力资源等方面开展广泛的合作，通过与 MTU 各维修基地之间进行全面的技术交流和技术项目转让，公司在零部件清洗、高压水剥离、无损探伤检测、表面处理、焊接、机加工、等离子喷涂、热处理、电镀、涂层剥离和高速磨削等方面具备了行业内最高标准的技术能力，能够为客户提供 MTU 全球标准的维修质量和创新服务。

公司秉承“多修理少换件”的理念，在兼顾客户成本利益的同时，提供高水准的维修质量，不断创新维修工艺，向客户提供尖端的维修服务。除了高速磨削这样先进高效的标准化加工处理技术之外，公司还提供各种数控检查与制造、发动机零部件清洗、无损探伤、机械加工、钣金及焊接、真空热处理、喷丸、等离子/火焰喷涂，包括高速氧助燃喷涂、喷漆、电镀及涂层剥离、转子叶尖高速磨削、高压水剥离、钎焊、钨极惰性气体保护焊接等特殊处理技术。

公司具备 V2500 - A5 和 CFM56 - 3/5B/7B 所有单元体、零配件的拆装和 80% ~85% 的发动机零部件的深度维修能力，维修项目达 4000 多项，能够出具发动机整体及 14413 个发动机部件（件号）的产品合格证明。公司现已拥有专利 29 项，其中发明专利 6 项，实用新型 23 项，另有 8 项专利在申报中；获得软件著作权 14 项，另有 2 项在申报。

五、重大设施建设

公司的试车台长 100 米、中部宽高均为 13 米、进气道和排气道高 30 米，适用于推力在 15 万磅[①]范围内所有类型商用航空发动机的测试，测试能力可达每年 500 台。公司在 2015 年购买并安装了第三台立式车床，已经完全投入使用。购买的高真空钎焊炉用于 V2500、CFM56 系列民用航空发动机零部件的所有热处理，该设备已完成了设备的预接受和相关指标测试，2017 年 6 月底完成设备安装和最终接受，7 月试运行。正式投入使用后，公司零部件热处理能力将扩大一倍，可以更好地完成发动机大修。

（珠海保税区摩天宇航空发动机维修有限公司）

① 1 磅 =0. 45 千克。

厦门太古飞机工程有限公司

一、企业基本情况

厦门太古飞机工程有限公司是香港飞机工程有限公司（简称港机）于 1993 年 7 月在厦门设立的大型民用飞机维修工程企业。拥有约 4600 名员工。主要股东包括香港飞机工程有限公司、厦门航空工业公司、香港国泰航空公司、日本航空公司、波音商用飞机集团等。

厦门太古飞机工程有限公司和港机均为太古集团下属企业。

二、生产经营情况

截至 2017 年年底，公司累计进场维修飞机近 3000 架次；2017 年全年完成工业总产值 67.4 亿元。

三、主要产品

公司拥有五大核心业务：机身服务、航线服务、零部件制造、公务机设计整装方案、技术培训。

（一）机身服务

公司拥有六座双宽体机位机库，提供包括所有主流民航机型的维修检查、客舱整装、客改货等维修工作。其中，维修检查可为波音及空客飞机提供全面的维修服务，主要技术能力涵盖 D 检、大型维修检查（HMV）及根据客户需求的补充检查。多项机身工程可与维修同时进行，包括客舱翻新、客舱改装和整装、发动机孔探、发动机拆装及更换、起落架拆装及更换、飞机称重和外部喷漆等；整装和客舱内饰安装方面，公司可提供包括项目管理、工程设计、供应商管理、零部件制造、安装以及取证（FAA/EASA/HKCAD/CAAC）在内的完整的全套的客舱改装方案。公司在整装和客舱内饰安装方面拥有丰富的经验。迄今为止公司已经完成了超过 350 个涵盖空客和波音主要机型的客舱改装项目，主要客户包括国泰航空公司等欧亚地区知名航空公司；客改货方面，公司是全球范围内经验丰富的客改货中心之一，客改货涉及主要机型为波音 747 - 400、波音 737 - 300/400、波音 757 等。

（二）航线服务

公司是为中国大陆重点航线运营站提供领先航线服务的供应商之一，已在中国大陆的 10 个国际机场开展业务。提供包括过站检查、过夜、日检、周检、故障排除、技术放行、客舱娱乐系统维护、客舱可靠性检查、飞机清洗服务。服务的机型包括空客 A380 和波音 787 在内的所有主流民航机型。

（三）零部件制造

得益于港机长久以来卓越的工程成就及与航空原始设备制造商的良好合作关系，公司同时发展了零部件制造的能力，其中包括机加部件、钣金部件、捆装电线、波音 747 - 400BCF 客改货复式地板梁制造等涵盖超过 3000 种零部件编号。逐渐形成集航空零部件开发、数控加工、钣金加工、热表处理加工、复合材料加工、零部件装配、航空线束电缆组装、无损探伤检测与专业人才培训、计量与校准服务、航空维修及改装制造能力配套为一体的飞机零部件制造产业基地。

（四）公务机设计整装方案

公司公务机设计整装中心（方案）能为私人飞机及公务机提供一站式服务，服务内容涵盖工业设计、工程设计和认证、客舱整装、售后服务以及机身维修。公司是亚太地区首家获得空中客车公司核准及波音公司授权的公务机及私人飞机客舱设计整装中心。

（五）培训中心

厦门太古培训中心是同时获得中国民航局、香港民航处和欧洲航空安全局共同批准的 147 部维修培训机构和 66 部维修人员基础执照考点。厦门太古培训中心已经由针对单个学员的培训扩大到与飞机制造公司合作与航空公司签约为新机型维修提供团队培训。

四、产品开发与技术进步

客改货开发：公司与美国波音公司紧密合作，完成了多项技术攻关，取得美国联邦航空局（FAA）和波音质量管理系统（BQMS）的认证。和合作伙伴一起参与了波音 737 －700/－800 和波音 767 －300 等新的改装机型的开发。客改货科研成果主要有地板梁整装、货舱门切口定位、货舱门整装、改装流程的改进等，已完成了 65 架次的改装工作。下一步还将参与波音 767－300、波音 737－700/－800 等机型客改货的开发。

客舱整装：公司客舱整装服务可以提供完整的客舱解决方案，包括项目管理、工程设计、供应商管理、零部件制造、安装以及取证（FAA/EASA/HKCAD/CAAC）。客舱整装科研成果主要有波音 737/空客 A319 客舱构型设计改装、波音 747－400 PTV 改装、波音 747－400 LOPA 设计等。

（厦门太古飞机工程有限公司）

第四部分

中国民用航空工业统计数据

1　综合情况

1.1　全国民用航空工业企业综合情况（见表 1－1）

表 1－1　全国民用航空工业企业综合情况

指标	计量单位	2017 年	2016 年	指标	计量单位	2017 年	2016 年
单位数	个	**160**	**152**	**工业总产值**	万元	**27440342**	**24783015**
国有企业	个	50	23	**民用航空产品产值**	万元	6512511	8029467
有限责任公司	个	60	72	民用飞机（不含无人机）产品产值	万元	515615	3809266
股份有限公司	个	20	15	民用飞机零部件产品产值	万元	1430625	1262215
私营公司	个	18	29	民用航空发动机产品产值	万元	1084	2338
港澳台商投资、外商投资	个	12	13	民用航空发动机零部件产品产值	万元	408005	314832
全部从业人员人数	万人	34.8	32.5	民用飞机机载系统和设备产值	万元	40327	1230
民用飞机（不含无人机）累计交付数量	架	1554	1447	民用飞机机载系统和设备零部件产值	万元	7742	2916
民用飞机（不含无人机）本年交付数量	架	107	94	其他民用航空产品及零部件产值	万元	287359	302747
民用飞机（不含无人机）本年交付金额	万元	131042	3446121	民用飞机修理产值	万元	1386091	768201
无人机本年交付数量	架	2489783	998557	民用航空发动机修理产值	万元	674070	503746
无人机本年交付金额	万元	1153911	837336	其他民用航空产品及零部件修理产值	万元	45961	36345
民用飞机（不含无人机）新增确认订单	架	206	174	民用飞机机载系统和设备修理产值	万元	41472	14875
民用飞机（不含无人机）新增意向订单	架	222	125	无人机产品产值	万元	1674160	1010755
无人机新增确认订单	架	1623547	1002468	资产合计	万元	54405581	57394171
无人机新增意向订单	架	547059	364687	营业收入	万元	27938454	25469049
民用飞机（不含无人机）储备确认订单	架	531	399	**民用航空产品收入**	万元	5854359	6869652
民用飞机（不含无人机）储备意向订单	架	767	701	营业成本	万元	22748984	20803433

表 1－1（续）

指标	计量单位	2017 年	2016 年	指标	计量单位	2017 年	2016 年
无人机储备确认订单	架	633045	378307	利润总额	万元	1395908	1202813
无人机储备意向订单	架	202023	125672	总资产贡献率	%	6.7	6.1
民用航空产品转包生产	—	—	—	资本保值增值率	%	121.2	117.7
民用航空产品转包生产交付金额	万美元	196751	174305	资产负债率	%	57.1	66.4
民用飞机零部件	万美元	125897	121403	流动资产周转次数	次/年	87.1	87.6
民用发动机零部件	万美元	65347	52902	成本费用利润率	%	6.1	5.8
民用飞机机载系统和设备零部件	万美元	495	0	产品销售率	%	96.5	98.8
其他民用航空产品及零部件	万美元	5011	4664	民用航空产品固定资产投资	万元	411469	521264
民用航空产品转包生产新增订单	万美元	279960	216082	民用航空产品（R&D）经费支出	万元	1245271	857305
民用飞机零部件	万美元	216903	170744				
民用发动机零部件	万美元	59301	45338				
民用飞机机载系统和设备零部件	万美元	548	0				
其他民用航空产品及零部件	万美元	3207	2527				
民用航空产品转包生产储备订单	万美元	464342	413970				
民用飞机零部件	万美元	405932	387746				
民用发动机零部件	万美元	55839	26225				
民用飞机机载系统和设备零部件	万美元	210	0				
其他民用航空产品及零部件	万美元	2361	991				

注：为保持统计延续性，将民用飞机和无人机数据分开统计，整套表中的民用飞机指不包含无人机的民用飞机。

1.2 2017年全国民用航空工业企业主要经济指标（见表1-2）

表1-2 2017年全国民用航空工业企业主要经济指标

指标	单位数/个	全部从业人员人数/人	民用航空产品产值/万元	民用航空产品销售收入/万元
全国总计	**160**	**347871**	**6512511**	**5854359**
按注册登记类型分				
内资企业	148	322334	2911079	2783164
国有企业	50	129587	1090022	1180752
有限责任公司	60	178963	1500158	1291273
股份有限公司	20	10778	257755	242065
私营企业	18	3006	63143	69073
港澳台商投资企业	5	22941	2743080	2223825
外商投资企业	7	2596	858352	847370
按三大经济地带分				
东部地区	72	110221	4603904	4165888
中部地区	42	79807	329537	377025
西部地区	46	157843	1579070	1311446
总计中				
中国航空工业集团有限公司	55	192523	1304644	1159623
中国商用飞机有限责任公司	6	11329	442206	556546
中国电子科技集团有限公司	1	767	16737	27512
中国航天科工集团有限公司	4	3167	16984	17179
中国航空发动机集团有限公司	13	76763	375155	329579
地方民用航空工业企业	81	63322	4356786	3763920

1.3 2017年各地区民用航空工业企业主要经济指标（见表1-3）

表1-3 2017年各地区民用航空工业企业主要经济指标

地区	单位数/个	全部从业人员人数/人	民用航空产品产值/万元	民用航空产品销售收入/万元
全国总计	**160**	**347871**	**6512511**	**5854359**
北京	11	10216	57456	118748
天津	8	5854	68998	88484
河北	2	3537	30143	31258
辽宁	5	36120	256579	189208
吉林	2	2092	1202	1901
黑龙江	2	14504	70341	120158
上海	8	15318	446424	496096
江苏	9	8707	141823	136858
浙江	13	2082	52762	52324
安徽	3	2339	4899	1380
江西	5	17259	41362	45492
山东	7	4110	159310	162931
河南	4	13280	11781	11995
湖北	5	9018	132702	128433
湖南	20	19531	66480	66456
广东	8	19827	2716471	2711382
四川	13	46372	579331	466031
贵州	14	23201	100002	95328
陕西	17	86741	890818	741473
甘肃	2	1529	8919	8613
其他省市及地区	2	6234	674709	179810
总计中				
中国航空工业集团有限公司	55	192523	1304644	1159623
中国商用飞机有限责任公司	6	11329	442206	556546
中国电子科技集团有限公司	1	767	16737	27512
中国航天科工集团有限公司	4	3167	16984	17179
中国航空发动机集团有限公司	13	76763	375155	329579
地方民用航空工业企业	81	63322	4356786	3763920

2　产品交付、新增和储备订单及转包生产情况

2.1　全国民用航空产品交付情况（见表2－1）

表2－1　全国民用航空产品交付情况

产品名称	计量单位	2017年	2016年	2015年	2014年	2013年	2017年同比增长/%
民用飞机交付金额总计	**万元**	**5326825**	**7160003**	**6604559**	**5672844**	**4166471**	**－25.6**
民用飞机（不含无人机）整机	万元	131042	3446121	3195785	2466567	1934515	－96.2
其中：引进总装线生产飞机	万元	52485	3347269	3000000	2159949	1736879	－98.4
民用航空发动机整机	万元	7280	2338	4948	1511	660	211.4
民用飞机零部件	万元	1080857	881104	832889	987871	829306	22.7
民用飞机机载系统和设备	万元	24359	18854				
民用航空发动机零部件	万元	449311	432408	350957	347960	311176	3.9
其他民用航空产品及零部件	万元	359191	215629	167040	282193	221385	66.6
民用飞机机载系统和设备零部件	万元	11856	3622				
民用飞机修理（不含发动机）	万元	1265980	699944	792817	779003	376995	80.9
民用航空发动机修理	万元	673509	503746	445249	390779	326826	33.7
民用飞机机载系统和设备零部件修理	万元	21116	5845				
其他民用航空产品及零部件修理	万元	148412	113057	176543	132419	165608	31.3
无人机产品	万元	1153911	837336	638330	284541	—	37.8

2.2 各地区民用航空产品交付情况（见表 2－2）

表 2－2 各地区民用航空产品交付情况

单位：万元

地区	2017 年交付金额	2016 年交付金额	2015 年交付金额	2014 年交付金额	2013 年交付金额	2017 年同比增长/%
全国总计	**5326825**	**7160003**	**6604559**	**5672844**	**4166471**	**－25.6**
北 京	47661	31877	70832	27899	43971	49.5
天 津	67959	3359202	2181973	1738396	1190184	－98.0
河 北	26097	48242	41922	23441	14005	－45.9
辽 宁	257154	202216	165894	154937	208960	27.2
吉 林	746	714	111	346	685	4.5
黑龙江	7693	27462	112011	126822	56585	－72.0
上 海	88243	50451	51409	45395	43652	74.9
江 苏	140991	60771	136705	100954	101393	132.0
浙 江	43465	46404	10782	3879	2820	－6.3
安 徽	3270	778	1161	3319		320.5
江 西	40562	10590	63526	43218	15967	283.0
山 东	153108	107138	112357	101357	108934	42.9
河 南	10470	3598	5372	523	258	191.0
湖 北	115417	112665	103317	103569	5791	2.4
湖 南	41320	65972	29337	20238	21042	－37.4
广 东	2202701	1448458	1032434	648071	534219	52.1
四 川	561970	199919	230126	157444	210432	181.1
贵 州	79225	59003	59993	57236	48202	34.3
陕 西	755665	669665	749284	655821	606154	12.8
甘 肃	7959	1040	224	770	280	665.3
其他省市及地区	675149	653836	1445789	1659209	952937	3.3
总计中						
中国航空工业集团有限公司	1078316	926335	1290074	1507632	1232829	16.4
中国商用飞机有限责任公司	87933	50270	52251	50978	44558	74.9
中国电子科技集团有限公司	29574	15242	39781	30770	29913	94.0
中国航天科工集团有限公司	17430	11451	11474	7266	6055	52.2
中国航空发动机集团有限公司	358865	348839				2.9
地方民用航空工业企业	3754708	5807866	5210979	5066867	2853115	－35.4

2.3　全国民用航空产品转包生产情况（见表2－3）

表2－3　全国民用航空产品转包生产情况　　单位：万美元

	2017年	2016年	2015年	2014年	2013年	2017年同比增长/%
交付金额	**196751**	**178969**	**156149**	**169776**	**158461**	**9.9**
民用飞机零部件	125897	121403	98824	104045	94907	3.7
民用发动机零部件	65347	52902	52192	50567	49349	23.5
民用飞机机载系统和设备零部件	495	0				
其他民用航空产品及零部件	5011	4664	5133	15164	14205	7.4
新增订单金额	**279960**	**218609**	**104700**	**103541**	**158812**	**28.1**
民用飞机零部件	216903	170744	44236	50912	105148	27.0
民用发动机零部件	59301	45338	57115	47192	46510	30.8
民用飞机机载系统和设备零部件	548	0				
其他民用航空产品及零部件	3207	2527	3349	5437	7154	26.9
储备订单金额	**464342**	**414961**	**350679**	**278188**	**320527**	**11.9**
民用飞机零部件	405932	387746	309820	245066	283147	4.7
民用发动机零部件	55839	26225	37682	30461	33498	112.9
民用飞机机载系统和设备零部件	210	0				
其他民用航空产品及零部件	2361	991	3177	2661	3882	138.3

2.4 各地区民用航空产品转包生产交付情况（见表2－4）

表2－4 各地区民用航空产品转包生产交付情况 单位：万美元

	2017年	2016年	2015年	2014年	2013年	2017年同比增长/%
全国总计	**196751**	**178966**	**156149**	**169776**	**158461**	**9.9**
北京	12007	1940	608	653	7167	518.9
天津	102	34	15	7682	7672	200.0
辽宁	51474	44742	38445	33791	33974	15.0
黑龙江	9316	5304	3827	2842	1496	75.6
上海	8458	7779	8416	8296	7197	8.7
江苏	748	1449	1075	1342	1253	－48.4
浙江	3492	9936	1258	1461	1071	－64.9
安徽	109	37	42	36	69	194.6
江西	877	8307	1000	1608	642	－89.4
山东	7439	5594	4395			33.0
湖北	9	20	278	6859	5082	－52.6
湖南	7379	5556	5336	4665	4082	32.8
广东	3	6	742			－48.1
四川	25427	23956	25255	28399	20451	6.1
贵州	15009	8680	8883	9451	8723	72.9
陕西	54373	55626	56495	58947	59581	－2.3
甘肃	529					
其他省市及地区	0	0	79	3744		
总计中						
中国航空工业集团有限公司	104387	91996	140232	140356	129026	13.5
中国商用飞机有限责任公司	8206	7592	8415	8296	7179	8.1
中国电子科技集团有限公司	0	0	235		13	
中国航天科工集团有限公司	102	34	15	10		200.0
中国航空发动机集团有限公司	62512	53089				17.7
地方民用航空工业企业	21544	26255	99559	21114	22243	－17.9

2.5　各地区民用航空产品转包生产新增情况（见表2-5）

表2-5　各地区民用航空产品转包生产新增情况　　单位：万美元

	2017年	2016年	2015年	2014年	2013年	2017年同比增长/%
全国总计	**279960**	**218609**	**104700**	**103541**	**158812**	**28.1**
北　京	9772	2384	612	658	5940	309.8
天　津	98	56	17	137	125	75.0
辽　宁	38008	54658	30805	27314	22038	-30.5
黑龙江	10421	10411	7104	5524	1000	0.1
上　海	252	2411	0	4		-89.5
江　苏	448	2761	1431	677	954	-83.8
浙　江	1692	10345	1055	1649	1140	-83.6
安　徽	80					
江　西	748	2268	1116	1571	814	-67.0
山　东	10149	7451	6144			36.2
湖　北	9	20	20	117	1381	-52.6
湖　南	7004	5664	4427	1587	1275	23.7
广　东	0	42	1004			0.0
四　川	38237	70059	20731	30657	19889	-45.4
贵　州	8554	8030	7273	7834	7344	6.5
陕　西	153818	42050	22886	23419	96911	265.8
甘　肃	669					
其他省市及地区	0	0	75	2393		
总计中						
中国航空工业集团有限公司	204488	150562	95293	98951	149802	35.8
中国商用飞机有限责任公司	0	2204	0			
中国电子科技集团有限公司	0	0	120			
中国航天科工集团有限公司	98	56	17	12		75.0
中国航空发动机集团有限公司	59000	41371				42.6
地方民用航空工业企业	16373	24416	101578	4578	9010	-32.9

2.6 各地区民用航空产品转包生产储备情况（见表2－6）

表2－6 各地区民用航空产品转包生产储备情况　　单位：万美元

	2017年	2016年	2015年	2014年	2013年	2017年同比增长/%
全国总计	**464342**	**414961**	**350679**	**278187**	**320527**	**11.9**
北京	14379	444	4	4	1986	3135.7
天津	0	0	20	49		
辽宁	37582	44341	23565	13000	12100	－15.2
黑龙江	22188	21083	15976	8682	6000	5.2
上海	34004	42210	47639	56018	64309	－19.4
江苏	259	180	303	999	1016	43.9
浙江	500	7890	762	150	210	－93.7
安徽	50					
江西	253	6176	110			－95.9
山东	4093	3100	2787			32.0
湖北	0	0	259	233	58	
湖南	5284	205	141	104	3417	2477.6
广东	0	36	1000			－100.0
四川	115409	172366	127194	32364	30693	－33.0
贵州	979	219	0	35	316	347.0
陕西	228449	116711	130868	165325	200421	95.7
甘肃	913					
其他省市及地区	0	0	52	1224		
总计中						
中国航空工业集团有限公司	365398	329314	297451	219576	253076	11.0
中国商用飞机有限责任公司	34004	42210	47598	56013	64309	－19.4
中国电子科技集团有限公司	0	0	932			
中国航天科工集团有限公司	0	0	20	49		
中国航空发动机集团有限公司	55964	25965				115.5
地方民用航空工业企业	8976	17472	4679	2549	3142	－48.6

3　生产销售总值

3.1　全国民用航空工业企业生产销售总值（见表3－1）

表3－1　全国民用航空工业企业生产销售总值　　单位：万美元

指标名称	计量单位	2017年	2016年	2015年	2014年	2013年	2017年同比增长/%
工业总产值（当年价格）	**万元**	**27440342**	**24783015**	**23566703**	**23453204**	**20784418**	**10.7**
其中：新产品产值	万元	9133810	8711177	10038016	7172462	7027918	4.9
民用航空产品产值	万元	6512511	8029467	7405784	6013803	4517460	－18.9
其中：民用飞机（不含无人机）产品产值	万元	515615	3809266	3720078	2788283	2119578	－86.5
民用飞机零部件产品产值	万元	1430625	1262215	1127226	1088758	1010140	13.3
民用航空发动机产品产值	万元	1084	2338	18379	1511	800	－53.6
民用航空发动机零部件产品产值	万元	408005	314832	342391	317328	312500	29.6
民用飞机机载系统和设备产值	万元	40327	1230	1609			3178.7
民用飞机机载系统和设备零部件产值	万元	7742	2916				165.5
其他民用航空产品及零部件产值	万元	287359	302747	271578	245530	226657	－5.1
民用飞机修理产值	万元	1386091	768201	884006	872080	371904	80.4
民用航空发动机修理产值	万元	674070	503746	445249	390726	342063	33.8
其他民用航空产品及零部件修理产值	万元	45961	36345	93018	91250	131705	26.5
民用飞机机载系统和设备修理产值	万元	41472	14875		10812	2112	178.8
无人机产品产值	万元	1674160	1010755	502250	207526		65.6
工业销售产值（当年价格）	万元	26486309	24490365	22921001	22343528	19678030	8.1
其中：出口交货值	万元	4335307	3026852	5754874	4796408	3271816	43.2
全部从业人员年平均人数	人	341771	319321	401904	338251	327654	7.0

3.2　2017年各地区民用航空产品产值（见表3－2）

表3－2　2017年各地区民用航空产品产值

地区	单位数/个	民用航空产品产值/万元	各地占总计/%	民用航空产品产值比上年增长/%	民用飞机产品产值（不含无人机）/万元	民用飞机零部件产品产值/万元	民用航空发动机产品产值/万元
全国总计	**160**	**6512511**	**100**	**－18.9**	**515615**	**1430625**	**1084**
北　京	11	57456	0.9	45.9	0	1683	0
天　津	8	68998	1.1	－97.9	50443	6805	0
河　北	2	30143	0.5	－53.8	20850	1409	0
辽　宁	5	256579	3.9	22.3	1749	188156	0
吉　林	2	1202	0	－37.9	433	0	0
黑龙江	2	70341	1.1	5	0	64926	0
上　海	8	446424	6.9	22.2	383697	57526	0
江　苏	9	141823	2.2	0	6246	118826	0
浙　江	13	52762	0.8	79.2	6383	31736	0
安　徽	3	4899	0.1	64.7	0	336	0
江　西	5	41362	0.6	84.5	25137	16161	0
山　东	7	159310	2.4	61	3523	8689	0
河　南	4	11781	0.2	227.4	0	1218	0
湖　北	5	132702	2	2.3	600	7310	0
湖　南	20	66480	1	－2.4	7130	11920	0
广　东	8	2716471	41.7	63.9	0	4342	0
四　川	13	579331	8.9	196.7	465	167653	416
贵　州	14	100002	1.5	255.4	0	12778	0
陕　西	17	890818	13.7	0.8	8960	725924	0
甘　肃	2	8919	0.1	757.6	0	2457	668
其他省市及地区	2	674709	10.8	3.2	0	770	0
总计中							
中国航空工业集团有限公司	55	1304644	20	7.7	45236	1146360	0
中国商用飞机有限责任公司	6	442206	6.8	21.5	383697	57526	0
中国电子科技集团有限公司	1	16737	0.3	21.2	0	1984	0
中国航天科工集团有限公司	4	16984	0.3	－3.1	6246	6805	0
中国航空发动机集团有限公司	13	375155	5.8	18	0	16084	0
地方民用航空工业企业	81	4356786	66.9	－28.6	80436	201866	1084

表 3－2（续）

地区	民用航空发动机零部件产品产值/万元	民用飞机机载系统和设备产值/万元	民用飞机机载系统和设备零部件产值/万元	其他民用航空产品及零部件产值/万元	民用飞机修理产值（不含发动机）/万元	民用航空发动机修理产值/万元	其他民用航空产品及零部件修理产值/万元	民用飞机机载系统和设备修理产值/万元	无人机产品产值/万元
全国总计	**408005**	**40327**	**7742**	**287359**	**1386091**	**674070**	**45961**	**41472**	**1674160**
北　京	12802	0	1709	21845	0	0	13088	1353	4976
天　津	624	0	1076	4439	4769	0	0	0	841
河　北	0	0	0	7453	414	0	17	0	
辽　宁	66186	0	0	0	0	0	488	0	
吉　林	0	0	0	188	515	0	66	0	
黑龙江	0	0	0	0	5415	0	0	0	
上　海	0	4108	0	1093	0	0	0	0	
江　苏	10361	1306	0	1520	0	0	3564	0	
浙　江	1500	0	660	10897	0	0	1587	0	
安　徽	63	0	0	0	0	0	0	0	4500
江　西	0	0	0	0	64	0	0	0	
山　东	0	0	472	84120	52768	0	66	9672	
河　南	0	680	0	3714	0	0	1285	0	4884
湖　北	0	2915	2549	3729	94793	0	0	0	20805
湖　南	35151	107	0	9758	0	0	2402	12	
广　东	0	0	0	103000	301438	673501	0	0	1634190
四　川	74985	30756	427	18119	251733	0	14499	20279	
贵　州	85762	28	0	1434	0	0	0	0	
陕　西	120002	115	658	15904	0	411	8797	10047	
甘　肃	569	312	191	146	243	158	102	109	3964
其他省市及地区	0	0	0	0	673939	0	0	0	0
总计中									
中国航空工业集团有限公司	5765	17955	5542	41330	6404	411	25593	10047	
中国商用飞机有限责任公司	0	0	0	983	0	0	0	0	
中国电子科技集团有限公司	0	0	0	0	14753	0	0	0	
中国航天科工集团有限公司	624	0	758	0	0	0	0	0	2551
中国航空发动机集团有限公司	337222	0	0	21845	4	0	0	0	
地方民用航空工业企业	64394	22372	1442	223201	1364931	673659	20368	31425	1671609

3.3 2017 年各地区民用航空工业企业销售情况（见表 3－3）

表 3－3 2017 年各地区民用航空工业企业销售情况

地区	工业总产值/万元	工业销售产值/万元	同比增长/%	出口交货值/万元	同比增长/%	工业产品产销率/%
全国总计	**27440342**	**26486309**	**8.1**	**4335307**	**43.2**	**96.5**
北 京	665247	633143	－14.0	8338	－44.8	95.2
天 津	489648	475046	－87.2	55090	1233.1	97.0
河 北	98958	96540	－23.2	0		97.6
辽 宁	3418300	3344178	12.7	285049	12.6	97.8
吉 林	48977	48207	13.9	0		98.4
黑龙江	1085938	1084713	－19.5	69976	43.4	99.9
上 海	804026	424112	15.0	56236	9.3	52.7
江 苏	575354	554266	15.5	91812	0.8	96.3
浙 江	87599	82878	98.0	45284	249.6	94.6
安 徽	95279	82508	3.2	11144	615.9	86.6
江 西	1988253	2096375	5.4	19533	－36.3	105.4
山 东	211080	211468	24.8	31313	12.9	100.2
河 南	1007393	964604	20.5	35508	58.1	95.8
湖 北	410020	404844	94.9	39957	46.0	98.7
湖 南	904962	845500	－13.1	47712	－28.2	93.4
广 东	2768280	2737095	47.1	1648772	61.6	98.9
四 川	5351684	5137602	120.7	751444	138.6	96.0
贵 州	1192009	1167212	32.1	132225	99.2	97.9
陕 西	5428644	5305489	15.2	344273	3.8	97.7
甘 肃	69178	56776	17.0	324	－21.7	82.1
其他省市及地区	739513	733754	3.1	661317	3.3	99.2
总计中						
中国航空工业集团有限公司	14756986	14265354	16.0	798315	16.8	96.7
中国商用飞机有限责任公司	445323	418058	43.3	56236	9.4	93.9
中国电子科技集团有限公司	27736	27590	65.5	1984	38.8	99.5
中国航天科工集团有限公司	332385	329706	－19.9	654		99.2
中国航空发动机集团有限公司	4423480	4257225	6.6	442170	0.6	96.2
地方民用航空工业企业	7454433	7188377	－3.9	3035948	64.0	96.4

4　主要经济指标

4.1　全国民用航空工业企业主要经济指标（见表4－1）

表4－1　全国民用航空工业企业主要经济指标

	指标名称	计量单位	2017年	2016年	2015年	2014年	2013年	2017年同比增长/%
一、年末资产负债	流动资产合计	万元	32979137	31206034	26971311	27210951	26380959	5.7
	流动资产年平均余额	万元	31222038	28364747	23593117	25201795	22710623	10.1
	固定资产合计	万元	12727767	17675500	9632114	10642350	9231838	－28.0
	固定资产原价	万元	16801270	17712260	13292373	14734754	12298288	－5.1
	其中：生产经营用	万元	14350782	11316371	10651571	9497774	7857609	26.8
	固定资产净值年平均余额	万元	9601070	8186263	7028146	6445392	6027899	17.3
	资产总计	万元	54405581	57394171	43652981	44484908	41480470	－5.2
	负债合计	万元	31065141	38131236	27282056	25869375	24661985	－18.5
	所有权益合计	万元	23340438	19262936	16360662	18780128	17091052	21.2
	其中：实收资本	万元	11238606	10841533	8406729	8026330	7152481	3.7
二、损益及分配	营业收入	万元	27938454	25469049	22857720	25734992	24320878	9.7
	其中：民用航空产品收入	万元	5854359	6869652	6133831	5937269	4870780	－14.8
	营业成本	万元	22748984	20803433	18375798	21587676	19871796	9.4
	主营业务税金及附加	万元	283309	166010	65954	71175	66014	70.7
	其他业务利润	万元	227079	161691	85290	104269	107211	40.4
	营业费用	万元	408985	273200	251020	315191	306797	49.7
	管理费用	万元	2511116	1934556	2670937	2156865	2093522	29.8
	财务费用	万元	503357	333200	310199	328403	314736	51.1
	其中：利息支出	万元	398915	362401	341923	336840	328415	10.1
	营业利润	万元	1310784	990961	1062676	1094327	1048706	32.3
	补贴收入	万元	115046	184794	177363	193032	171647	－37.7
	利润总额	万元	1395908	1202813	1304740	1287870	1336471	16.1
	应交所得税	万元	220867	144085	136939	142239	189147	53.3
三、其他	本年应交增值税	万元	306112	242260	376434.22	430068	297137	26.4
	本年固定资产投资额	万元	2120713	1771298	1784715	2039004	1484133	19.7
	其中：民用航空产品	万元	411469	521264	462201	615216	389608	－21.1
	全部从业人员人数	人	347871	326770	328370	357402	342136	6.5
	其中：工程技术人员	人	89078	79033	77824	86293	72096	12.7
	其中：研究与实验发展人员	人	65291	52799	50017	59180	44934	23.7
	研究与实验发展经费支出	万元	2570046	2184685	2277622.91	2046562	1364604	17.6
	其中：民用航空产品	万元	1245271	857305	928548.39	672174	395422	45.3

4.2　2017年各地区民用航空产品收入（见表4-2）

表4-2　2017年各地区民用航空产品收入

地区	民用航空产品收入/万元	各地占总计/%	营业收入/万元	同比增长/%	民用航空产品销售收入占营业收入比重/%
全国总计	**5854359**	**100**	**27938454**	**9.7**	**21.0**
北　京	118748	2.0	830857	-3.9	14.3
天　津	88484	1.5	498317	-86.9	17.8
河　北	31258	0.5	100071	-11.2	31.2
辽　宁	189208	3.2	3456422	6.2	5.5
吉　林	1901	0.0	48648	17.0	3.9
黑龙江	120158	2.1	1135038	-15.3	10.6
上　海	496096	8.5	1115759	38.4	44.5
江　苏	136858	2.3	629921	24.0	21.7
浙　江	52324	0.9	97549	14.0	53.6
安　徽	1380	0.0	98480	11.0	1.4
江　西	45492	0.8	2366876	0.0	1.9
山　东	162931	2.8	220955	27.1	73.7
河　南	11995	0.2	985759	5.8	1.2
湖　北	128433	2.2	433852	7.9	29.6
湖　南	66456	1.1	846666	-13.3	7.8
广　东	2711382	46.3	2755832	69.1	98.4
四　川	466031	8.0	5242117	134.9	8.9
贵　州	95328	1.6	1084248	19.9	8.8
陕　西	741473	12.7	5691370	21.1	13.0
甘　肃	8613	0.1	60234	31.2	14.3
其他省市及地区	179810	3.2	239482	18.5	75.1
总计中					
中国航空工业集团有限公司	1159623	19.8	15102400	14.0	7.7
中国商用飞机有限责任公司	556546	9.5	567174	78.7	98.1
中国电子科技集团有限公司	27512	0.5	27512	27.2	100.0
中国航天科工集团有限公司	17179	0.3	349964	-16.8	4.9
中国航空发动机集团有限公司	329579	5.6	4804920	8.3	6.9
地方民用航空工业企业	3763920	64.3	7086483	0.9	53.1

4.3　全国民用航空工业企业经济效益综合指数（见表4-3）

表4-3　全国民用航空工业企业经济效益综合指数

指标名称	单位	2017年	2016年	2015年	2014年	2013年	2017年比2016年增减（+；-）
总资产贡献率	%	6.7	6.1	5.8	5.4	6.3	0.6
资本保值增值率	%	121.2	117.7	87.1	155.8	154.1	3.4
资产负债率	%	57.1	66.4	50.4	62.5	59.9	-9.3
流动资产周转率	次/年	87.1	87.6	96.9	100.8	103.6	-0.5
成本费用利用率	%	6.1	5.8	6.0	5.0	5.9	0.4
产品销售率	%	96.5	98.8	97.3	95.5	94.7	-2.3

4.4 2017年各地区民用航空工业企业收入成本及效益（见表4－4）

表4－4 2017年各地区民用航空工业企业收入成本及效益

单位：万元

地区	营业收入	同比增长/%	营业成本	同比增长/%	利润总额	同比增长/%
全国总计	**27938454**	**9.7**	**22748984**	**9.4**	**1395908**	**16.1**
北京	830857	－3.9	616470	－6.4	72084	1.7
天津	498317	－86.9	360486	－88.6	65936	－85.0
河北	100071	－11.2	73280	－10.7	5694	－18.1
辽宁	3456422	6.2	3114541	1.9	107588	9.2
吉林	48648	17.0	41517	15.6	2567	156.2
黑龙江	1135038	－15.3	965687	－15.8	77746	86.4
上海	1115759	38.4	982936	43.8	－65110	66.9
江苏	629921	24.0	300346	－21.3	66206	39.3
浙江	97549	14.0	74030	14.6	2405	－33.1
安徽	98480	11.0	75937	10.1	5990	55.0
江西	2366876	0.0	2199851	1.7	95457	23.8
山东	220955	27.1	162059	47.4	21934	－17.1
河南	985759	5.8	771606	5.8	41073	－14.5
湖北	433852	7.9	315895	10.3	31101	6.7
湖南	846666	－13.3	683700	－14.9	48485	119.6
广东	2755832	69.1	1309770	276.7	494907	579.5
四川	5242117	134.9	4655266	140.4	127821	102.0
贵州	1084248	19.9	828148	13.5	19037	－18.0
陕西	5691370	21.1	5023798	20.9	128336	－16.1
甘肃	60234	31.2	41819	40.7	8371	28.0
其他省市及地区	239482	18.5	151843	－15.5	38279	
总计中						
中国航空工业集团有限公司	15102400	14.0	13083863	12.8	554069	14.0
中国商用飞机有限责任公司	567174	78.7	529393	74.1	－93886	
中国电子科技集团有限公司	27512	27.2	20180	20.9	－13745	
中国航天科工集团有限公司	349964	－16.8	254809	－25.2	40675	－6.7
中国航空发动机集团有限公司	4804920	8.3	4012170	5.4	165165	－10.0
地方民用航空工业企业	7086483	0.9	4848569	2.4	743631	28.4

4.5　2017 年各地区民用航空工业固定资产投资和研发投入（见表 4－5）

表 4－5　2017 年各地区民用航空工业固定资产投资和研发投入

地区	民用航空产品研究与试验发展经费支出/万元	同比增长/%	民用航空产品固定资产投资/万元	同比增长/%
全国总计	**1245271**	**45.3**	**411469**	**－21.1**
北　京	61601	－13.7	22329	20.8
天　津	5319	17.9	982	－0.6
河　北	3776	97.1	6787	－58.3
辽　宁	3691	－42.8	11315	－65.7
吉　林	287		28	
黑龙江	35993	－29.1	2254	36.0
上　海	757905	49.3	190637	－1.6
江　苏	882	－89.5	6978	－27.6
浙　江	3784	52.7	2117	－59.9
安　徽	500	1462.5	0	
江　西	6953	－64.5	6957	141.4
山　东	10982	9.5	4985	66.9
河　南	5488	292.3	2009	
湖　北	14603	50.1	1104	－80.9
湖　南	12414	－18.2	15636	－23.4
广　东	166054	462.5	46426	181.5
四　川	31346	33.7	30000	－61.5
贵　州	9974	208.4	34394	2995.8
陕　西	112478	22.9	23749	－79.3
甘　肃	1107		2782	
其他省市及地区	134			
总计中				
中国航空工业集团有限公司	212877	12.3	83066	－50.2
中国商用飞机有限责任公司	608721	9.5	146112	34.9
中国电子科技集团有限公司	22013	73.4	18136	－61.2
中国航天科工集团有限公司	814	－76.6	2132	86.8
中国航空发动机集团有限公司	224725	717.8	81421	－44.3
地方民用航空工业企业	176120	146.3	80603	51.3

5 附　　录

2017年中国民用航空企业上报情况说明

单位名称	所属集团	登记注册类型	控股情况	主要民用航空产品
总计数（160）				
北京（11）				
北京青云航空仪表有限公司	中国航空工业集团有限公司	国有独资公司	国有控股	航空仪表
北京韦加无人机科技股份有限公司		其他有限责任公司	私人控股	固定翼无人机
中国航发北京航科发动机控制系统科技有限公司	中国航空发动机集团有限公司	其他有限责任公司	国有控股	航空摇臂系列
中航复合材料有限责任公司	中国航空工业集团有限公司	其他有限责任公司	国有控股	预浸料　蜂窝
北京金轮坤天特种机械有限公司		其他有限责任公司	国有控股	牵引车
北京航空材料研究院	中国航空发动机集团有限公司	国有	国有控股	高温合金，母合金，钛合金，橡胶制品
北京中航智科技有限公司		其他有限责任公司	私人控股	TA无人直升机，TC无人直升机，TD220无人直升机，TD450，多旋翼，T333
海鹰航空通用装备有限责任公司	中国航天科工集团有限公司	其他有限责任公司	国有控股	固定翼无人机，太阳能无人机，旋翼无人机
北京民用飞机技术研究中心	中国商用飞机有限责任公司	国有	国有控股	民用飞机关键技术预研，民用飞机基础技术研究及相关技术服务
中航高科智能测控有限公司	中国航空工业集团有限公司	其他有限责任公司	国有控股	传感器样机，测试与诊断系统，转台，加载生产设备
北京北摩高科摩擦材料有限责任公司		股份有限公司	私人控股	波音737－700/800飞机粉末冶金刹车盘副，飞机机轮组件，飞机刹车组件，飞机货仓地板，飞机碳刹车盘，飞机钢刹车盘
天津（8）				
古德里奇航空结构服务中国有限公司		中外合资经营	外商控股	进气道，风扇整流罩，尾喷组件，反推组件，折流门组件，平移罩组件
空中客车（天津）总装有限公司		中外合资经营	外商控股	320、330飞机组装
天津航空机电有限公司	中国航空工业集团有限公司	其他有限责任公司	国有控股	断路器，继电器，传感器

续表

单位名称	所属集团	登记注册类型	控股情况	主要民用航空产品
航天精工股份有限公司	中国航天科工集团有限公司	股份有限公司	国有控股	螺栓，螺钉，自锁螺母，承力快卸锁
天津华翼蓝天科技有限公司		股份有限公司	私人控股	航空电源及虚拟维修实验实训建设项目，运12F飞机飞行训练器研制，驾驶舱集成平台，简易机架型飞行程序和飞机性能验证仿真子系统，新机场工程空管工程飞行模拟机，赛斯纳飞机飞行训练器
天津航天中为数据系统科技有限公司		其他有限责任公司	国有控股	四旋翼无人机，六旋翼无人机，光电吊舱，云台，数据链
天津全华时代航天科技发展有限公司		其他有限责任公司	股份合作	无人飞行器
中国航天科工集团第三研究院第八三五七研究所	中国航天科工集团有限公司	国有	国有控股	任务综合显控系统，机载北斗设备
河北（2）				
华北飞机工业有限公司	中国航空工业集团有限公司	其他有限责任公司	国有控股	运5B飞机，“小鹰”500飞机，赛斯纳208B飞机，“国王”350飞机
惠阳航空螺旋桨有限责任公司	中国航空工业集团有限公司	其他有限责任公司	国有控股	螺旋桨，直升机动部件
山西（1）				
太原航空仪表有限公司	中国航空工业集团有限公司	国有独资公司	国有控股	敏感元件，传感器，航空仪表
辽宁（5）				
沈阳沈飞国际商用飞机有限公司	中国航空工业集团有限公司	国有	国有控股	C系列项目
沈阳飞机工业（集团）有限公司	中国航空工业集团有限公司	其他有限责任公司	国有控股	波音767改装，C系列项目，Q400项目
沈飞民用飞机有限责任公司	中国航空工业集团有限公司	其他有限责任公司	国有控股	Q400机身连接，波音787垂尾、前缘，空客A320机翼前缘，C系列机身段，ARJ21大部件，C919大部件
中国航发沈阳黎明航空发动机有限责任公司	中国航空发动机集团有限公司	其他有限责任公司	国有控股	航空零部件转包生产
辽宁通用航空研究院		国有	国有控股	锐翔（RX1E），双座电动飞机，电动无人机
吉林（2）				
吉林航空维修有限责任公司	中国航空工业集团有限公司	其他有限责任公司	国有控股	民用飞机修理，其他民用航空产品及零备件
吉林省国遥博诚科技股份有限公司		股份有限公司	私人控股	植保机

续表

单位名称	所属集团	登记注册类型	控股情况	主要民用航空产品
黑龙江（2）				
中国航发哈尔滨东安发动机有限公司	中国航空发动机集团有限公司	其他有限责任公司	国有控股	直升机传动系统
哈尔滨飞机工业集团有限责任公司	中国航空工业集团有限公司	其他有限责任公司	国有控股	直9民用直升机，运12飞机
上海（9）				
上海航空工业（集团）有限公司	中国商用飞机有限责任公司	国有	国有控股	航空零配件、航空设备的销售，计算机软件，信息技术，技术服务，物业管理，信息系统集成服务
中国商用飞机有限公司（本部）	中国商用飞机有限责任公司	其他有限责任公司	国有控股	C919大型客机，ARJ21新支线飞机，航空零部件转包生产
中国商飞上海飞机设计研究所	中国商用飞机有限责任公司	国有	国有控股	C919大型飞机，ARJ21新支线飞机，CR929宽体客机
上海飞机制造有限公司	中国商用飞机有限责任公司	国有独资公司	国有控股	飞机制造，航空零部件转包生产
上海飞机客户服务有限公司	中国商用飞机有限责任公司	国有独资公司	国有控股	民用飞机客户服务相关业务
中国航空无线电电子研究所	中国航空工业集团有限公司	国有	国有控股	网络交换机，综合显示系统，显示器与控制器
上海航空测控技术研究所	中国航空工业集团有限公司	国有	国有控股	C919飞机客舱管理接口子系统，C919飞机客舱娱乐系统，C919飞机信息系统
中国航发商用航空发动机有限责任公司	中国航空发动机集团有限公司	国有	国有控股	
江苏（9）				
宏光空降装备有限公司	中国航空工业集团有限公司	其他有限责任公司	国有控股	热气球
新宇航空制造（苏州）有限公司		外资企业	外商控股	飞机发动机叶片及叶片隔框，飞机发动机吊架类机械产品
江苏航申航空科技有限公司		股份有限公司	私人控股	航空零部件
金城南京机电液压工程研究中心	中国航空工业集团有限公司	国有	国有控股	
无锡透平叶片有限公司		其他有限责任公司	国有控股	铝合金叶片，发动机盘件
通用电气航空系统（苏州）有限公司		外资企业	外商控股	航空发动机前段保持架，燃烧室机匣，航空发动机连接件、密封圈、环形圈，飞机机翼机构版、装配件、密封板，飞机整流罩
航天海鹰（镇江）特种材料有限公司	中国航天科工集团有限公司	其他有限责任公司	国有控股	C919后机身后段，C919后机身前段复合材料零件，C919副翼，C919垂尾壁板复合材料零件

续表

单位名称	所属集团	登记注册类型	控股情况	主要民用航空产品
江苏希西维轴承有限责任公司		其他有限责任公司	私人控股	
苏州长风航空电子有限公司	中国航空工业集团有限公司	国有独资公司	国有控股	多功能显示器，燃油温度传感器，转速传感器，高压压气机出口总温传感器，分流器
浙江（13）				
杭州天扬机械有限公司		其他有限责任公司	私人控股	涡轮发动机零件，起落架及零件
七丰精工科技股份有限公司		私营股份有限公司	私人控股	航标螺钉、螺母
宁波沥高复合材料有限公司		其他有限责任公司	私人控股	ARJ21 零部件生产，C919 型板复合材料模具生产
浙江西子航空工业有限公司		私营有限责任公司	私人控股	单通道梁间肋，腹鳍，C 系列逃生门，C 系列起落架舱，CRJ 服务门
海宁红狮宝盛科技有限公司		其他有限责任公司	私人控股	航空设备配件
浙江圣翔机械有限公司		私营有限责任公司	私人控股	直升机停机坪
浙江圣奇航空零部件制造有新公司		私营有限责任公司	私人控股	波音 737 平尾结构件，空客 A320 舱门（蒙皮、门框、门梁）
浙江金马逊机械有限公司		私营有限责任公司	私人控股	数控弯管机，管子缩口机，重型弯管机
浙江日发航空数字装备有限责任公司		私营有限责任公司	私人控股	航空航天专用加工设备，飞机数字化装配系统，航空零部件
宁波缔一宝盛航空机械有限公司		私营有限责任公司	私人控股	支架，装饰件，配件
宁波市鄞州金鑫轴承五金有限公司		私营有限责任公司	私人控股	深沟球轴承
浙江科比特科技有限公司		私营独资	私人控股	MC6 - 1550，HYDrone - 1800，MC4 - B80
玉环天润航空机械制造有限公司		私营有限责任公司	私人控股	驾驶（滑动）舱门锁闭机构，动力舱整流罩锁闭机构等，折叠接头等，周期变距杆手柄等，牵引杆、液压千斤顶等，机身布罩、旋翼布罩等
安徽（3）				
中航工业合肥江航飞机装备有限公司	中国航空工业集团有限公司	国有独资公司	国有控股	波纹管，飞机副油箱，航空仪表
合肥赛为智能有限公司		其他有限责任公司	集体控股	“赛鹰”4000T 系留多旋翼无人机，“赛鹰”10F 固定翼无人机，“赛鹰”141HR 植保无人机，无人机自动驾驶仪，“赛鹰”121H 无人直升机，“赛鹰”10KT 系留旋翼无人机
安徽应流航源动力科技有限公司		私营独资	私人控股	高温合金叶片，高温合金机匣，涡轮导向器，高温合金结构件

续表

单位名称	所属集团	登记注册类型	控股情况	主要民用航空产品
福建（1）				
厦门太古飞机工程有限公司		与港澳台商合资经营	港澳台商控股	维修
江西（5）				
江西洪都航空工业（集团）有限责任公司	中国航空工业集团有限公司	国有独资公司	国有控股	C919，波音747，波音787
江西昌河航空工业有限公司	中国航空工业集团有限公司	其他有限责任公司	国有控股	AC313，AC311，AC311A，波音
昌河飞机工业（集团）有限责任公司	中国航空工业集团有限公司	国有独资公司	国有控股	AC313，AC311，AC311A，S76，S92
江西昌兴航空装备股份有限公司		股份有限公司	私人控股	航空设备设计制造，航空工装、工具设计、制造，航空零部件制造，航空复合材料零部件制造，技术进出口业务及进出口业务
江西洪都商用飞机股份有限公司	中国航空工业集团有限公司	股份有限公司	国有控股	C919大型客机部件装配
山东（7）				
山东艾诺仪器有限公司		其他有限责任公司	私人控股	航空地面电源，航空蓄电池测试仪
东方蓝天钛金科技有限公司		其他有限责任公司	国有控股	紧固件
山东翔宇航空技术服务有限责任公司		其他有限责任公司	国有控股	航空器部附件修理
威海广泰空港设备股份有限公司		股份有限公司	私人控股	平台车，牵引车，电源车，加油车
山东滨奥飞机制造有限公司		中外合资经营	私人控股	DA40D飞机
山东太古飞机工程有限公司		与港澳台商合资经营	国有控股	民用飞机及部件维修，飞机工程管理软件开发，自制产品及软件销售，飞机零部件及相关航材的进出口，民用航空器机型培训，航空工程服务
济南特种结构研究所	中国航空工业集团有限公司	国有	国有控股	雷达罩，复合材料结构件
河南（4）				
新乡航空工业（集团）有限公司	中国航空工业集团有限公司	国有独资公司	国有控股	散热器，燃油泵，压力油滤，引气阀，启动控制阀，恒温调节阀
洛阳电光设备研究所	中国航空工业集团有限公司	国有	国有控股	平视显示器，增强视景系统，合成视景系统，平视视景系统
凯迈（洛阳）测控有限公司	中国航空工业集团有限公司	其他有限责任公司	国有控股	测试设备，光电产品
安阳全丰航空植保科技股份有限公司		股份有限公司	私人控股	3WQF80－10智能悬浮植保机，3WQF125－16智能悬浮植保机，3WQF120－12智能悬浮植保机，电动多旋翼智能悬浮植保机

续表

单位名称	所属集团	登记注册类型	控股情况	主要民用航空产品
湖北（5）				
中国特种飞行器研究所	中国航空工业集团有限公司	国有	国有控股	A2C 超轻型飞机，SZ300 观光系留气球
湖北超卓航空技术有限公司		私营股份有限公司	私人控股	航空部附件（不含发动机）的维修
湖北易瓦特科技有限公司		私营股份有限公司	私人控股	民用八旋翼无人机，民用固定翼无人机，民用无人直升机，无人机配套设备，无人机培训与服务
武汉航达航空科技发展有限公司		股份有限公司	私人控股	航空机电附件，航空气动附件，航空机电附件，机场加油设备
航宇救生装备有限公司	中国航空工业集团有限公司	国有独资公司	国有控股	民用飞机座椅，航空运动装备
湖南（20）				
湖南航天捷诚电子装备有限责任公司		股份有限公司	国有控股	机载头盔、平显数字像源，机载头盔、平显图形图像驱动模块，机载液晶显示器，机载油量显示组件
湖南金天钛业科技有限公司		国有	国有控股	钛板，钛棒，钛锻件
湖南兵器东升机械制造有限公司		其他有限责任公司	国有控股	TX－0301，TX－0303，TX－0505
湖南兆恒材料科技有限公司		其他有限责任公司	集体控股	PMI 泡沫材料，PMI 泡沫材料制品
中航飞机起落架有限责任公司	中国航空工业集团有限公司	其他有限责任公司	国有控股	防扭臂
湖南航天环宇通信科技股份有限公司		股份有限公司	私人控股	航空复合材料零部件，航空工艺装备
中国航发长江动力有限公司	中国航空发动机集团有限公司	国有	国有控股	飞机起落架刹车系统零部件，航空发动机零部件
湖南顶立科技有限公司		私营有限责任公司	私人控股	金属基 3D 打印粉体材料，碳基、陶瓷基复合材料，碳材料热工装备，真空热处理装备，粉末冶金热工装备
长沙鑫航机轮刹车有限公司		其他有限责任公司	国有控股	某型无人前机轮，某型无人主机轮
长沙市天映机械制造有限公司		私营有限责任公司	股份合作	气炮，飞机起落架零部件，高低温试验型架
湖南省博云新材料股份有限公司		其他有限责任公司	国有控股	运 9T，T2T，歼 10，运 7E，A320
中国航发中传机械有限公司	中国航空发动机集团有限公司	国有独资公司	国有控股	EC175 尾传动系统，CF－34 转包齿轮

续表

单位名称	所属集团	登记注册类型	控股情况	主要民用航空产品
湖南稀土金属材料研究院		国有	国有控股	镁稀土中间合金，镁锆中间合金，铝稀土中间合金，硼化物
中国航发南方工业有限公司	中国航空发动机集团有限公司	国有独资公司	国有控股	航空零部件转包生产，民用航空发动机
国信军创（岳阳）六九零六科技有限公司		其他有限责任公司	私人控股	北斗终端抗干扰系列产品，北斗定位导航终端，无人机航拍测绘产品
长沙航空职业技术学院		国有	国有控股	
湖南华望科技股份有限公司		股份有限公司	私人控股	无伞空降系统
长沙艾森设备维护技术有限公司		股份有限公司	私人控股	飞机清洗剂，飞机地毯及舱内饰件清洗剂，飞机防腐涂层清洗剂，飞机零部件清洗剂，飞机强力脱漆剂
湖南南方通用航空发动机有限公司		其他有限责任公司	国有控股	民用航空发动机转包业务
株洲时代橡塑元件有限责任公司		国有	国有控股	粘弹阻尼器，液弹阻尼器
广东（8）				
中航通飞华南飞机工业有限公司	中国航空工业集团有限公司	其他有限责任公司	国有控股	
深圳市大疆创新科技有限公司		港澳台商独资	港澳台商控股	“精灵” Phantom，“御” Mavic，“晓” Spark，“悟” Inspire
深圳中集天达空港设备有限公司		与港澳台商合资经营	港澳台商控股	登机桥，航空货物处理系统，行李系统，飞机泊位引导系统，站坪特种车辆
中航通飞研究院有限公司	中国航空工业集团有限公司	国有	国有控股	
广州航新航空科技股份有限公司		股份有限公司	私人控股	飞行参数记录系统，综合维修检测系统，民用飞机修理（不含发动机），其他民用航空产品及零部件修理
深圳一电航空技术有限公司		私营独资	私人控股	多旋翼无人机
珠海保税区摩天宇航空发动机维修有限公司		中外合资经营	股份合作	V2500、CFM56－3、CFM56－5、CFM56－7 发动机及附件的维修
广州飞机维修工程有限公司		与港澳台商合资经营	股份合作	
四川（13）				
中国航发成都发动机有限公司	中国航空发动机集团有限公司	其他有限责任公司	国有控股	GE 航空，霍尼韦尔，罗罗
四川凌峰航空液压机械有限公司	中国航空工业集团有限公司	其他有限责任公司	国有控股	起落架，阻尼器，助力器，蓄压器，作动筒
成都飞机工业（集团）有限责任公司	中国航空工业集团有限公司	国有独资公司	国有控股	转包项目，C919 机头

续表

单位名称	所属集团	登记注册类型	控股情况	主要民用航空产品
宜宾三江机械有限责任公司	中国航空工业集团有限公司	国有	国有控股	燃油系统附件，液压系统附件
成都凯天电子股份有限公司	中国航空工业集团有限公司	股份有限公司	国有控股	大气数据系统，传感器，飞机起落架收放控制系统，燃油增压泵，飞参，航空电台
中电科航空电子有限公司	中国电科	国有	国有控股	民用机载航电系统，民用机载航电分系统，相关地面系统与设备软件，硬件，民用航空电子设备维修与服务
四川泛华航空仪表电器有限公司	中国航空工业集团有限公司	其他有限责任公司	国有控股	油耗量测控系统，发动机点火系统，通信引线
成都富凯飞机工程服务有限公司		国有	国有控股	金属制品、机械和设备修理业
四川国际航空发动机维修有限公司		国有	国有控股	航空发动机修理，航空发动机相关零部件的制造和修理，航空器材仓储
中国第二重型机械集团（德阳）万航模锻厂（四川）		国有	国有控股	C919 系列，CJ 系列，9X9 系列
四川航泰航空装备有限公司		集体	集体控股	起落架，地面保障设备，飞机结构件，航空液压元件，航空维修，航空用液压试验台
四川九州电器集团有限责任公司		国有	国有控股	ADS－B 地面系统，地面塔康/DME，罗盘信号模拟，JZDAK01RM 型 1090ES 地面站
四川长虹电源有限责任公司		国有	国有控股	蓄电池及电源系统
贵州（14）				
贵州云马飞机制造厂	中国航空工业集团有限公司	国有	国有控股	波音 737 垂尾接头、肋零件数控加工，波音 737 平尾肋零件数控加工
贵州安大航空锻造有限责任公司	中国航空工业集团有限公司	其他有限责任公司	国有控股	锻件
中国航发贵州红林航空动力控制科技有限公司	中国航空发动机集团有限公司	国有独资公司	国有控股	民用航空转包
中航力源液压股份有限公司	中国航空工业集团有限公司	股份有限公司	国有控股	转包零部件
中国航发贵州黎阳航空动力有限公司	中国航空发动机集团有限公司	其他有限责任公司	国有控股	民用航空发动机零部件
贵阳航空电机有限公司	中国航空工业集团有限公司	国有	国有控股	二次电源电器，环控设备
中国航空工业标准件制造有限责任公司	中国航空工业集团有限公司	国有独资公司	国有控股	民用航空发动机零部件

续表

单位名称	所属集团	登记注册类型	控股情况	主要民用航空产品
贵州永红航空机械有限责任公司	中国航空工业集团有限公司	其他有限责任公司	国有控股	散热器，滑油箱
贵州天义电器有限责任公司	中国航空工业集团有限公司	国有	国有控股	继电器，接触器，控制盒
贵州航宇科技发展股份有限公司		股份有限公司	私人控股	高温合金锻件，钛合金锻件，不锈钢锻件
赛峰飞机发动机（贵阳）有限公司		中外合资经营	外商控股	发动机低压涡轮叶片，飞机发动机导向叶片，飞机发动机涡轮密封件
贵阳白云中航紧固件有限公司		私营有限责任公司	私人控股	
贵州大东风机械股份有限公司		股份有限公司	私人控股	航空发动机叶片
贵州黎阳国际制造有限公司		其他有限责任公司	国有控股	
陕西（18）				
西安航空制动科技有限公司	中国航空工业集团有限公司	其他有限责任公司	国有控股	“新舟”60飞机及刹车附件，波音737、空客A320碳刹车盘
陕西千山航空电子有限责任公司	中国航空工业集团有限公司	国有	国有控股	飞行参数记录系统，飞行参数及音频记录系统，发动机指示和空勤告警系统，无线快取记录器，舱音快取记录器
西安航空动力控制科技有限公司	中国航空发动机集团有限公司	其他有限责任公司	国有控股	轴套类产品，传动组件类产品，阀门组件类产品，复杂壳体产品，异型件
中国航发西安航空发动机有限公司	中国航空发动机集团有限公司	其他有限责任公司	国有控股	航空发动机零部件
陕西长岭电子科技有限责任公司		其他有限责任公司	国有控股	WG7Z/11B高度表，661C气象雷达
陕西航空电气有限责任公司	中国航空工业集团有限公司	其他有限责任公司	国有控股	航空零备件转包
陕西烽火宏声科技有限责任公司		其他有限责任公司	国有控股	航空耳机/话筒组件
庆安集团有限公司	中国航空工业集团有限公司	其他有限责任公司	国有控股	航空转包生产
陕西凌云电器集团有限公司（国营第七六五厂）		其他有限责任公司	国有控股	无线电罗盘，塔康，测距器，组合导航接收设备，信标机
陕西飞机工业（集团）有限公司	中国航空工业集团有限公司	其他有限责任公司	国有控股	运8出口机，运8邮政机
西安飞机工业（集团）有限责任公司	中国航空工业集团有限公司	其他有限责任公司	国有控股	“新舟”系列飞机，航空零部件转产品，航空复合材料及零部件
陕西东方航空仪表有限责任公司	中国航空工业集团有限公司	国有	国有控股	航空仪表

续表

单位名称	所属集团	登记注册类型	控股情况	主要民用航空产品
陕西宏远航空锻造有限责任公司	中国航空工业集团有限公司	其他有限责任公司	国有控股	航空锻铸件
陕西宝成航空仪表有限责任公司	中国航空工业集团有限公司	其他有限责任公司	国有控股	民用飞机零部件
陕西华燕航空仪表有限公司	中国航空工业集团有限公司	国有	国有控股	速率陀螺组件，光纤惯性导航系统
中国飞机强度研究所	中国航空工业集团有限公司	国有	国有控股	
西安三角航空科技有限责任公司		股份有限公司	股份合作	民用飞机主起支柱等结构件，民用飞机发动机盘类件
甘肃（2）				
兰州万里航空机电有限责任公司	中国航空工业集团有限公司	国有独资公司	国有控股	电动机构，着陆灯，防撞灯，四位置开关
甘肃神龙航空科技有限公司		私营有限责任公司	私人控股	工程应用型无人机，轻型载人机，旋翼机